# 中国建筑业改革与发展研究报告(2014)

## ——改革驱动与技术提升

住房和城乡建设部建筑市场监管司
住房和城乡建设部政策研究中心 编著

中国建筑工业出版社

图书在版编目(CIP)数据

中国建筑业改革与发展研究报告(2014)——改革驱动与技术提升/住房和城乡建设部建筑市场监管司，住房和城乡建设部政策研究中心编著. —北京：中国建筑工业出版社，2014.10
ISBN 978-7-112-17319-8

Ⅰ.①中… Ⅱ.①住… ②住… Ⅲ.①建筑业-经济体制改革-研究报告-中国-2014②建筑业-经济发展-研究报告-中国-2014 Ⅳ.①F426.9

中国版本图书馆 CIP 数据核字(2014)第 220614 号

# 中国建筑业改革与发展研究报告
## (2014)
—— 改革驱动与技术提升

住房和城乡建设部建筑市场监管司
住房和城乡建设部政策研究中心　编著

\*

中国建筑工业出版社出版、发行(北京西郊百万庄)
各地新华书店、建筑书店经销
北京天成排版公司制版
北京同文印刷有限责任公司印刷

\*

开本：787×960 毫米　1/16　印张：10¼　字数：156 千字
2014 年 10 月第一版　2014 年 10 月第一次印刷
定价：36.00 元
ISBN 978-7-112-17319-8
(26099)

版权所有　翻印必究
如有印装质量问题，可寄本社退换
(邮政编码　100037)

本书由住房和城乡建设部建筑市场监管司和政策研究中心组织，围绕"改革驱动与技术提升"这一主题进行编写。全书共5章，分别从中国建筑业发展环境、中国建筑业发展状况、建筑业发展面临的机遇和挑战、信息化与建筑业发展、建筑工业化推动转型升级五方面进行了详细的阐述。附录给出了住房和城乡建设部关于推进建筑业发展和改革的若干意见、改革开放以来建筑业重大改革政策措施回顾、2013～2014年建筑业最新政策法规概览、安徽省人民政府关于促进建筑业转型升级加快发展的指导意见、福建省人民政府关于进一步支持建筑业发展壮大十条措施的通知、湖北省人民政府关于促进建筑业发展的意见、2012～2013年度中国建设工程鲁班奖（国家优质工程）获奖工程名单及部分国家建筑业情况。

　　本书对于建筑业企业领导层及管理人员确定建筑业的发展方向有很好的参考作用。

责任编辑：王　梅
责任设计：张　虹
责任校对：姜小莲　关　键

# 《中国建筑业改革与发展研究报告》(2014)编委会

**编委会主任：** 王　宁

**编委会副主任：** 吴慧娟　尚春明　刘　灿　秦　虹

**编委会成员：** (以姓氏笔画为序)

马占林　马育功　王子牛　王早生　王国清　王铁宏　王毅忠
毛方益　毛传强　田国民　白　光　师　健　曲　琦　刘　哲
刘晓艳　刘联伟　刘翠乔　李　明　李台然　李兴军　李凯军
李秉仁　李荣庆　李健康　李德全　肖　徽　吴　涛　吴昌平
张　毅　张宝伟　范　强　金昌宁　周武进　郑建钢　修　璐
徐学军　郭五代　郭燕军　唐道明　曹　剑　曹金彪　曾少华
曾宪新　裴　晓　谭新亚　樊剑平

**编著单位：** 住房和城乡建设部建筑市场监管司
　　　　　　住房和城乡建设部政策研究中心

**编写统筹：** 李德全　王　玮　陈　波　宋梅红　吴路阳

**报告统撰：** 李德全　许瑞娟

# 编 写 说 明

《中国建筑业改革与发展研究报告》(2014)在编撰单位的努力和建筑业各行业协会、企业、媒体、相关单位的大力支持下，继续得以与行业内外读者见面。本期报告有如下几个特点：

**1. 围绕既定主题编写。** 本期报告的主题是"改革驱动与技术提升"。《中共中央关于全面深化改革若干重大问题的决定》指出："面对新形势新任务，全面建成小康社会，进而建成富强民主文明和谐的社会主义现代化国家、实现中华民族伟大复兴的中国梦，必须在新的历史起点上全面深化改革。"作为国民经济支柱产业的建筑业的健康发展，也迫切需要全面深化改革作为持续的动力和体制机制保障，建筑业的政府监管方式，行业、企业体制机制的改革部署和实践已经起步并将全面展开，本期报告将反映相关动向。同时，我国经济已经处于发展速度的换挡期、结构调整的阵痛期，建筑业未来面临严峻的市场和竞争力考验。在此形势下，如何通过推进建筑业技术进步，着力采用建筑工业化、信息化成熟技术，改变普遍存在的高消耗、高污染、低效率的传统建造方式，满足国内外市场对建筑服务、品质不断提高的要求，已成为行业热议的话题，也将成为本期报告的主题。

**2. 报告的框架内容。** 围绕主题，报告由五个部分组成。第一部分着重反映2013年以来我国的宏观经济形势和建筑业监管、建筑业发展改革的动向、趋势；第二部分全面反映2013年我国建筑业包括建筑施工、勘察设计、建设监理与咨询、工程招标代理、对外承包工程等方面的规模、结构状况，概括了这一时期的质量安全形势；第三部分研究分析建筑业发展面临的机遇和挑战；第四部分集中研究了建筑业信息化的发展现状及信息化建设的主要内容，提出推进建筑业信息化应用的关键举措；第五部分总结了建筑工业化发展现状及面临的突出问题，提出推

进建筑工业化发展的对策建议。

**3. 以广义的工程建设承包服务主体为对象。** 2014报告以广义的工程建设承包服务主体为对象。虽然建筑施工与勘察设计、建设监理及招投标代理等咨询服务属于不同的产业分类领域，但在工程建设领域活动中，形成了紧密关联、相互依托的广义建筑业内涵。所以本报告仍然以包括建筑施工、勘察设计、工程监理和相关咨询服务业为对象。

**4. 诚挚致谢。** 在报告研究撰写期间，编撰单位召集中国建筑股份有限公司、中国铁道建筑总公司、中国电力建设集团有限公司、中国化学工程股份有限公司、北京城建集团有限责任公司、孝感双德建筑工程有限责任公司等建筑业企业，广联达软件股份有限公司等信息技术企业部分专家进行了发展形势、相关技术的分析和研讨，程军、鞠小华、欧阳小伟、谢平、巩峰、冷双德、刘刚等同志从不同角度为报告涉及观点及报告的写作做出了贡献。报告还采用了《中国建设报》、《建筑时报》、《建筑经济》、《建筑》等媒体和有关单位的一些信息和研究成果，在引用成果时，署了作者姓名，在这里也向相关作者、专家、相关媒体一并致以诚挚谢意。

由于时间紧迫，工作量大，在编写过程中，难免有一些疏漏和不完善的地方，敬请读者加以指正。

住房和城乡建设部建筑市场监管司<br>住房和城乡建设部政策研究中心

# 目　　录

## 第一章　中国建筑业发展环境 …… 1
### 一、宏观经济环境 …… 1
（一）经济实现稳中有进 …… 1
（二）深化改革全面展开 …… 1
（三）行政审批及投融资改革举措密集出台 …… 2
（四）固定资产投资保持增长 …… 3
### 二、政府监管与服务 …… 4
（一）建筑市场 …… 4
（二）质量安全 …… 8
（三）工程建设标准定额 …… 11
（四）建筑节能 …… 14
（五）地方政府举措 …… 16

## 第二章　中国建筑业发展状况 …… 26
### 一、发展特点 …… 26
（一）仍然处在高速扩张区间 …… 26
（二）同比增速继续下降 …… 26
（三）企业结构性分化明显 …… 26
（四）技术突破初现端倪 …… 27
（五）保稳定、防风险为主基调 …… 27
（六）中西部发展速度继续加快 …… 27
### 二、建筑施工 …… 28
（一）规模分析 …… 28
（二）效益分析 …… 30

（三）结构分析 ………………………………………………………… 31
　三、勘察设计 ………………………………………………………… 37
　　（一）规模分析 ……………………………………………………… 37
　　（二）结构分析 ……………………………………………………… 38
　四、工程服务 ………………………………………………………… 40
　　（一）工程监理 ……………………………………………………… 40
　　（二）工程招标代理 ………………………………………………… 41
　　（三）工程造价咨询服务 …………………………………………… 43
　五、对外承包工程 …………………………………………………… 45
　六、安全形势 ………………………………………………………… 46

第三章　建筑业发展面临的机遇和挑战 ……………………………… 48
　一、建筑业发展面临的机遇 ………………………………………… 48
　　（一）新型城镇化提供新的机遇与广阔空间 ……………………… 48
　　（二）交通基础设施仍处于大规模建设期 ………………………… 48
　　（三）民生工程建设加快推进 ……………………………………… 52
　　（四）地方投资拉动经济增长势头依然强劲 ……………………… 54
　　（五）国际基础设施建设市场仍将保持旺盛需求 ………………… 57
　二、建筑业发展面临的挑战 ………………………………………… 58
　　（一）新型城镇化建设对建筑业发展提出更高要求 ……………… 58
　　（二）工程建设市场呼唤投融资体制创新 ………………………… 58
　　（三）企业经营风险不断加大 ……………………………………… 58
　　（四）国际市场竞争更趋复杂激烈 ………………………………… 58

第四章　信息化与建筑业发展 ………………………………………… 60
　一、建筑业信息化发展概述 ………………………………………… 60
　　（一）建筑业信息化发展取得的成效 ……………………………… 60
　　（二）建筑业信息化存在的主要问题和挑战 ……………………… 62
　　（三）信息化推动行业可持续发展 ………………………………… 64
　二、建筑业信息化建设的主要内容 ………………………………… 69
　　（一）应用层的主要建设内容 ……………………………………… 70
　　（二）平台层的主要建设内容 ……………………………………… 76

（三）终端层的主要建设内容 ················································· 78
　三、推进建筑业信息化应用的关键举措 ········································ 81
　　（一）政府层面 ····································································· 81
　　（二）企业层面 ····································································· 83

第五章　建筑工业化推动转型升级 ················································ 85
　一、建筑工业化发展现状 ··························································· 85
　　（一）政府大力推动 ······························································· 85
　　（二）企业积极实践 ······························································· 91
　二、建筑工业化发展面临的突出问题 ·········································· 93
　　（一）政策支持力度尚需加大 ·················································· 93
　　（二）技术支撑体系有待完善 ·················································· 94
　　（三）规模限制导致工业化效果不显著 ····································· 94
　三、推进建筑工业化的对策建议 ················································· 94
　　（一）进一步发挥政策引导作用 ··············································· 95
　　（二）加快完善技术标准体系 ·················································· 95
　　（三）加大技术推广应用力度 ·················································· 95

附录1　住房和城乡建设部关于推进建筑业发展和改革的若干
　　　　意见 ············································································· 97
附录2　改革开放以来建筑业重大改革政策措施回顾 ····················· 104
附录3　2013～2014年建筑业最新政策法规概览 ·························· 114
附录4　安徽省人民政府关于促进建筑业转型升级加快发展
　　　　的指导意见 ·································································· 121
附录5　福建省人民政府关于进一步支持建筑业发展壮大十
　　　　条措施的通知 ······························································· 127
附录6　湖北省人民政府关于促进建筑业发展的意见 ···················· 133
附录7　2012～2013年度中国建设工程鲁班奖（国家优质
　　　　工程）获奖工程名单 ····················································· 141
附录8　部分国家建筑业情况 ······················································ 151

# 第一章 中国建筑业发展环境

## 一、宏观经济环境

### (一) 经济实现稳中有进

2013年至2014年上半年,面对世界经济复苏艰难、国内经济下行压力不断加大、自然灾害频发、多重矛盾交织的复杂形势,党中央、国务院坚持稳中求进工作总基调,统筹稳增长、调结构、促改革、惠民生各项政策,坚持宏观政策要稳、微观政策要活、社会政策要托底,创新宏观调控思路和方式,采取一系列既利当前、惠及长远的举措,促进经济稳定增长。2013年,经济运行稳中向好。国内生产总值达到56.9万亿元,比上年增长7.7%;居民消费价格涨幅控制在2.6%;城镇新增就业1310万人,创历史新高;进出口总额突破4万亿美元,再上新台阶;城镇居民人均可支配收入实际增长7%,农村居民人均纯收入实际增长9.3%;财政收入增长10.1%;服务业增加值比重达到46.1%,首次超过第二产业。2014年上半年,国内生产总值同比增长7.4%。

### (二) 深化改革全面展开

2013年11月12日,中国共产党第十八届中央委员会第三次全体会议审议通过了《中共中央关于全面深化改革若干重大问题的决定》,提出了全面深化改革的总目标、路线图、时间表等,对推动新一轮改革做出系统部署。《决定》指出,紧紧围绕使市场在资源配置中起决定性作用深化经济体制改革,坚持和完善基本经济制度,加快完善现代市场体系、宏观调控体系、开放型经济体系,加快转变经济发展方式,加快建设创新型国家,推动经济更有效率、更加公平、更可持续发展。经济体制改革是全面深化改革的重点,核心问题是处理好政府和市场的关系，使市场在资源配置中起决定性作用和更好发挥政府作用。市场决定资源配置是市场经济的一般规律，健全社会主义市场经济体制必须遵循这条规律，着力解决市场体系不完善、政府干预过多和监管不到位问题。必须积极稳妥从广度和深度上推进市场化改革，大幅度减少政府对资源的直接配置，推动资源配置依据市场规则、市场价格、市场竞争实现效益最大化和效率最优化。政府的职责和作用主要是保持宏观经济稳定，加强和优化公共服务，保障公平竞争，加强市场监管，维护市场秩序，推动可持续发展，促进共同富裕，弥补市场失灵。《决定》提出，到 2020 年，在重要领域和关键环节改革上取得决定性成果，完成决定提出的改革任务，形成系统完备、科学规范、运行有效的制度体系，使各方面制度更加成熟更加定型。

## （三）行政审批及投融资改革举措密集出台

2013 年，以行政审批制度改革和政府职能转变为突破口，财税、金融、价格、投融资等领域一系列重要改革举措相继推出。国务院机构改革有序实施，分批取消和下放了 416 项行政审批等事项，修订政府核准的投资项目目录，取消和免征行政事业性收费 348 项。推动工商登记制度改革，扩大营业税改增值税试点，对小微企业暂免征收增值税和营业税。全面放开贷款利率管制，利率市场化改革迈出关键一步；推动民间资本进入金融业，探索设立民间资本发起的自担风险的民营银行。垄断行业改革取得新突破，铁路继初步实现政企分开后，进一步向地方和社会资本开放城际铁路、市域（郊）铁路、资源开发性铁路等的所有权和经营权。2014 年 4 月 2 日，国务院总理李克强主持召开国务院常务会议，确定深化铁路投融资体制改革、筹措和落实建设资金、加快铁路建设的政策措施，设立铁路发展基金，拓宽建设资金来源，吸引社会资本投入，使基金总规模达到每年 2000 亿至 3000 亿元。

2013 年，惠及民生的改革措施向纵深推进，如实施大学生就业促进计划，加强农村转移劳动力就业服务和职业培训，对城镇就业困难人员进行就业援助。重点支持保障性住房建设，当年新开工保障性安居工程 660 万套，基本建成 540 万套。

《中共中央关于全面深化改革若干重大问题的决定》指出，研究建立住宅政策性金融机构。政府已开始设立住宅政策性金融机构有关前期准备工作，这一机构将为居民购买基本住房以及改善居住条件提供低价格的资金扶持。

### (四) 固定资产投资保持增长

2013年，全社会固定资产投资447074亿元，比上年增长19.3%（表1-1，图1-1，图1-2）。其中，固定资产投资（不含农户）436528亿元，增长19.6%；农户投资10547亿元，增长7.2%。东部地区投资179092亿元，比上年增长17.9%；中部地区投资105894亿元，增长22.2%；西部地区投资109228亿元，增长22.8%；东北地区投资47367亿元，增长18.4%。

2013年，固定资产投资增速继续下降，比上年增速下降1个百分点。

2009～2013年固定资产投资、建筑业总产值规模及增速　　表1-1

| 类别/年份 | 2009 | 2010 | 2011 | 2012 | 2013 |
|---|---|---|---|---|---|
| 固定资产投资（亿元） | 224599 | 251684 | 311485 | 374695 | 447074 |
| 固定资产投资增速（%） | 30.0 | 12.1 | 23.8 | 20.3 | 19.3 |
| 建筑业总产值（亿元） | 76807.74 | 96031.13 | 116463.32 | 137217.86 | 159312.95 |
| 建筑业总产值增速（%） | 23.8 | 25.0 | 21.3 | 17.8 | 16.1 |

数据来源：国家统计局《2013年国民经济和社会发展统计公报》、《中国统计年鉴》、《2013年建筑业企业生产情况统计快报》。

图1-1　2009～2013年全社会固定资产投资规模图示

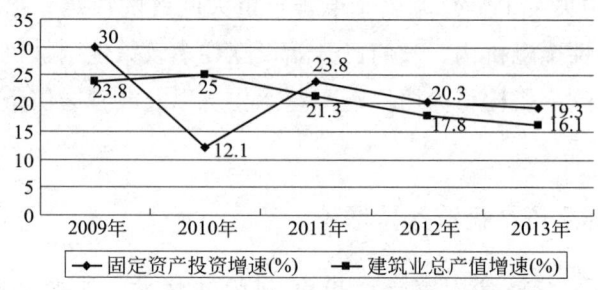

图 1-2　2009～2013 年固定资产投资增速、
建筑业总产值增速图示

## 二、政府监管与服务

### (一) 建筑市场

**出台政策，推动建筑业发展和改革。**2014 年 7 月 1 日，《住房城乡建设部关于推进建筑业发展和改革的若干意见》出台。《若干意见》确定了建筑业发展和改革的目标：简政放权，开放市场，坚持放管并重，消除市场壁垒，构建统一开放、竞争有序、诚信守法、监管有力的全国建筑市场体系；创新和改进政府对建筑市场、质量安全的监督管理机制，加强事中事后监管，强化市场和现场联动，落实各方主体责任，确保工程质量安全；转变建筑业发展方式，推进建筑产业现代化，促进建筑业健康协调可持续发展。《若干意见》提出，建立统一开放的建筑市场体系。要进一步放开建筑市场，推进行政审批制度改革，改革招标投标监管方式，推进建筑市场监管信息化与诚信体系建设，进一步完善工程监理制度，强化建设单位行为监管，建立与市场经济相适应的工程造价体系。《若干意见》要求，强化工程质量安全管理。要加强勘察设计质量监管，落实各方主体的工程质量责任，完善工程质量检测制度，推进质量安全标准化建设，推动建筑施工安全专项治理，强化施工安全监督。《若干意见》还要求，促进建筑业发展方式转变。要推动建筑产业现代化，构建有利于形成建筑产业工人队伍的长效机制，提升建筑设计水平，加大工程总承包推行力度，提升建筑业技术能力。

**完善建筑市场监管法规建设，加强市场监管。**一是完善法规体系建设。2013年，住房和城乡建设部配合国务院法制办，汇总整理各地各部门修改意见，召开论证会，推动《建筑市场管理条例》立法工作进程；起草完成《建筑工程施工许可管理办法》、《建设工程监理范围和规模标准规定》等文件，完善了建筑市场监管法制体系。二是为有效遏制建筑市场拖欠工程款、阴阳合同、违法分包、转包、挂靠等违法违规行为，结合国际通行做法，住房和城乡建设部会同国家工商总局修订出台了2013版《建设工程施工合同（示范文本）》，起草完成《工程设计合同示范文本》，通过进一步明确承发包双方的权利义务，注重了对承发包双方市场行为的引导、规范和权益平衡，适应了加快政府转变职能，更多地运用法律、经济手段调节和管理市场的大趋势，健全合同履约监管机制。三是强化房屋和市政工程招投标监管。住房和城乡建设部对国家发展和改革委员会《电子招投标办法》和《办法》实施意见会签，并配合组织宣贯会；完成全国房建和市政系统电子招投标情况调研，形成调研报告；组建资深评标专家和稀缺评标专家库；指导地方加强评标专家管理和评标专家库建设；针对招投标工作存在招标范围过宽、招标流于形式等问题，研究放开非国有资金投资工程项目招投标监管方式及后续监管机制，强化对国有资金投资工程的招投标监管。四是完善个人执业制度，落实注册人员执业责任。下发《住房城乡建设部办公厅关于做好取得建造师临时执业证书人员有关管理工作的通知》，实现了全国近30万取得临时建造师资格人员到期后的平稳过渡；推进注册人员执业资格改革工作，研究解决当前建造师注册执业制度中考试、注册、继续教育、执业等各环节存在的突出问题。

**解放思想，大力推进行政审批制度改革。**一是加大简政放权工作。为贯彻落实国务院关于深入推进行政审批制度改革的精神，进一步方便服务企业，提高行政审批效率，住房和城乡建设部印发了《关于建设工程企业资质资格延续审查有关问题的通知》，将部分由住房和城乡建设部负责审批的建设工程企业资质资格延续审查工作委托各省级住房城乡建设主管部门实施，并着手研究对资质下放后的监督提出要求。二是简化修订工程建设企业资质标准。住房和城乡建设部颁布了新的《工程勘察资质标准》和《工程勘察资质标准实施意见》，修订《建筑业企业资质管理规定》，《工程建设项目招标代理机构资格认定办法》，通过简化、合并、取消相关资质等级标准，进一步落实政府简政放权的要求；强化对企业配备劳务队伍考核，规范劳务人员管理，保障工程质量安全；强化科技创新，绿色节能等有关政策引导内容，合理设置考核指标，促进行业发展。三是积极试点，稳步推进电子化审查工作。住房和城乡建设部印发《关于开展建设工程企业资质网上申报和审批系统试点工作的通知》、《关于增加建设工程企业资质网上申报和审批系统试点地区的通知》，在全国13个省市进行无纸化电子化申报审批试点，既降低了企业负担，又提高了审查效率。四是完善专家审查制度。为规范对建设工程企业资质审查专家的管理，住房和城乡建设部修订印发了《建设工程企业资质审查专家管理办法》，适当提高了审查专家的推荐条件，对审查专家库的建立、使用等进行更明确的规定；进一步明确对审查专家违反有关工作纪律的处理措施和时限。为保证专家审查质量，加强廉政管理，在电子化审查中开展专家模块化审核试点，尽量确保统一审查尺度，一岗多人负责制，避免个别人为因素干扰，对专家审查制度进行有效监督。

**加大处罚力度，优化市场环境。**一是继续加大对市场违法违规行为的查处力度。2013年共对3家涉及安全事故责任的企业处以责令停业整顿、降低资质等级的行政处罚，对10名涉及安全事故责任的注册人员处以吊销注册证书、停业整顿的行政处罚，对提供虚假材料骗取资质资格的6家企业和3名注册人员撤回资质证书或撤销注册执业资格，对提供虚假材料申请资质资格的75家企业和141名注册人员处以警告或通报批评。上述企业和人员的违法违规行为已经记入其诚信档案，并公布在住房城乡建设部诚信信息平台上。二是健全建筑市场违法违规查处情况报送通报制度。住房和城乡建设部对各地违法违规企业动态监管和行政处罚情况实施统计通报制度，督促各级住房城乡建设主管部门加强监管，进一步加大对违法违规企业的处罚力度。

**加快信息化建设，提升监管水平。**一是加快建筑市场监管信息系统建设，实现全国联网运行。2013年，住房和城乡建设部分三期在全国范围内部署完成了部中央数据库与省市监管信息系统的互联共享工作。开发了数据接口标准和省市版监管信息系统供各地连接使用，充分兼顾了各地信息化建设进度不一致的实际，以最简便有效的方式，实现各地现有监管信息数据在全国范围内联网运行。为推进工程项目数据库建设，住房和城乡建设部印发《建筑市场监管信息系统连接试点工作要求的通知》，对各地建筑市场监管信息系统建设组织机构、地方监管信息系统建设方向、工程项目数据库建设等方面提出了统一的要求，起草了《工程项目数据库数据标准》和《建筑市场监管信息系统基础数据管理办法》，指导地方建筑市场监管信息化建设。二是继续完善诚信体系建设。住房和城乡建设部督促各地及时上报企业及个人不良行为信息，并将部省两级实施的行政处罚上传至全国建筑市场诚信信息平台，记入企业和注册人员不良行为记录。完善全国建筑市场诚信信息平台，制定诚信信息平台运行工作制度，在平台首页建立与各地不良行为公示页面的链接，内容涵盖针对市场主体违规行为作出的各类行政处罚决定和行政处理措施的信息。

**营造良好政策环境，促进行业健康发展。**一是规范统一的建筑市场。为促进全国统一建筑市场的形成，住房和城乡建设部出台《关于做好工程建设企业跨省承揽业务监督管理工作的通知》，对各地跨省承揽业务的企业监管工作提出明确要求，还印发了《关于开展规范建筑业企业跨省承揽业务监督管理专项检查工作的通知》，要求地方全面清理相关政策文件，及时纠正问题。二是推进劳务用工管理。针对目前建筑劳务管理工作中存在的劳务管理责任不落实、一线劳务人员数量不足、年龄偏大、企业用工行为不规范、劳务人员质量安全意识和职业技能水平有待提高、拖欠农民工工资现象依然存在等突出问题，住房和城乡建设部深入开展"建筑业劳务用工方式研究"的调研，起草了《关于进一步加强和完善建筑劳务管理的指导意见》，提出了加强和完善建筑劳务管理的意见，指导规范企业加强劳务管理。三是加强国际交流合作。住房和城乡建设部继续配合有关部门研究制定对外承包工程管理的相关政策，参加了内地与香港、澳门关于建立更紧密经贸关系安排的补充协议十的磋商，提出了内地与香港、澳门实现服务贸易自由化方案；参加了与新加坡、澳大利亚等自贸区磋商，推进双方建筑市场扩大开放；提出上海自贸区建设领域开放措施，印发了《关于在中国（上海）自由贸易区设立外商投资建设工程企业有关事项的复函》等，促进国际建筑领域交流合作工作。

## （二）质量安全

**加强法规制度建设，推进行政审批制度改革。**一是起草完成《建设工程抗御地震灾害管理条例》（初稿），做好立项准备。二是发布《房屋建筑和市政基础设施工程施工图设计文件审查管理办法》（住房城乡建设部令第13号）。起草完成《建筑施工企业主要负责人、项目负责人和专职安全生产管理人员安全管理规定》。三是印发《房屋市政工程生产安全事故报告和查处工作规程》、《房屋建筑和市政基础设施工程竣工验收规定》和《住房城乡建设系统地震应急预案》。四是严格执行中央关于推进行政审批制度改革、促进政府职能转变的要求，将中央管理的建筑施工企业安全生产许可下放，并协调做好有关落实和衔接工作。将梁思成奖移交中国建筑学会评选。按照中编办要求，研究推进建筑起重机械检验检测机构和工程质量检测机构改革工作。

**加强重点领域监管，促进工程质量稳步提升。**一是住房和城乡建设部组织开展对部分省市保障性安居工程质量安全监督执法检查。检查了全国25个城市的50个保障性安居工程，提出书面反馈意见1152条，对16个违反工程建设强制性标准和存在质量安全隐患的工程项目下发了执法建议书，印发了检查通报。二是部署开展住宅工程质量常见问题专项治理工作。印发《关于深入开展全国工程质量专项治理工作的通知》和专项治理工作方案，拟用5年左右时间，通过在全国持续深入开展住宅工程质量常见问题专项治理活动，使住宅工程质量水平明显提高。三是认真调查处理工程质量事故、质量问题和投诉。对质量事故、问题和投诉，督促地方认真及时调查处理。针对深圳市违规使用不合格海砂、潍坊市违规使用麻刚沙作为建筑用砂等问题，及时印发《关于加强预拌混凝土质量管理工作的通知》，强化预拌混凝土生产、使用过程的质量监管。四是配合国家质检总局研究制定政府质量工作绩效考核评分细则中工程质量部分的指标内容,配合印发《贯彻实施质量发展纲要2013年行动计划》,联合印发《2013年建材市场秩序专项整治工作要点》。五是进一步加强专家库建设和人员培训。充实工程质量技术专家库,充分发挥专家在监督检查、工法评审、政策制定和专题研究中的重要作用。组织开展青海省工程质量检测专项培训,委托中国建筑业协会举办工程质量有关标准规范宣贯培训。

**加大安全督查和事故查处力度,建筑安全生产形势总体稳定。**一是加强建筑安全生产工作部署。住房和城乡建设部组织召开了第十六次全国建筑安全生产联络员会议、全国建筑安全生产电视电话会议和部分地区建筑安全生产工作汇报会,并按照国务院安委会的要求,部署开展建筑施工领域"打非治违"、预防建筑起重机械脚手架等坍塌事故专项整治和安全生产大检查工作。二是开展监督检查。落实国务院安委会工作要求,住房和城乡建设部部署各地组织开展建筑施工、市政设施运行、房屋使用和村镇建设等方面的安全生产大检查。据不完全统计,各级住房城乡建设主管部门共检查在建工程项目约19万个,下发隐患整改通知书9.3万余份,要求停工整改项目1.55万余个,及时整治和消除了一大批安全隐患。为进一步强化建筑施工安全监管,有效遏制较大及以上事故,住房和城乡建设部组织开展对22个事故多发地区进行综合督查和安全专项督查。各级住房城乡建设主管部门按照部署,积极开展安全生产监督检查。三是强化事故通报督办。住房和城乡建设部按月度、季度通报房屋市政工程生产安全事故情况,对发生的25起较大事故进行通报,曝光相关企业及人员,并下发查处督办通知书,要求事故发生地住房城乡建设主管部门严肃认真做好事故查处工作。对2012年全国房屋市政工程生产安全事故查处情况进行统计分析,印发事故查处情况通报。四是夯实安全工作基础。印发《关于开展建筑施工安全生产标准化考评工作的指导意见》,督促企业强化项目安全管理,全面提升建筑安全管理水平。印发《关于贯彻落实国务院安委会关于进一步加强安全培训工作的决定的实施意见》,明确培训要求,落实培训责任。启用新版安全事故信息报送及统计分析系统,按照《"十二五"国家政务信息化工程建设规划》,组织编制《建筑施工安全监管信息化工程需求分析报告》。

**加强监督检查培训，提高城市轨道交通工程质量安全监管水平。**一是住房和城乡建设部组织开展全国在建城市轨道交通工程质量安全监督执法检查。共检查了26个城市的78个在建项目，提出书面反馈意见1466条，对8个存在较为严重违法违规情况和质量安全隐患的项目下发了监督执法建议书。二是妥善应对事故。组织专家对发生较大事故的西安市进行了城市轨道交通工程质量安全督查，要求地方举一反三，针对存在问题立刻整改。对城市轨道交通工程质量安全现状和存在问题进行了分析，研究提出下一步工作思路。三是完善相关制度。印发《城市轨道交通工程设计文件编制深度规定》，起草城市轨道交通工程验收管理暂行办法和质量安全事故应急预案管理办法。四是加强交流和培训。组织召开城市轨道交通工程质量安全联络员会议和专家委员会会议，组织专家编写地铁工程建设安全监管和监测、测量等系列培训教材，为各地培训工作提供指导和支持。

**强化勘察设计质量管理，增强技术引导创新能力。**一是深化勘察设计质量监管工作。宣贯《房屋建筑和市政基础设施工程施工图设计文件审查管理办法》，并发文对实施该管理办法的有关问题做出规定。印发《建筑工程施工图设计文件技术审查要点》等3个技术性指导文件和《2012年度全国施工图设计文件审查情况报告》，起草完成《关于进一步加强建筑工程勘察设计质量管理的意见》。二是部署开展专项整治。认真分析保障性安居工程质量安全监督执法检查中发现的勘察设计质量问题，制定《房屋建筑工程勘察设计质量专项治理工作方案》，拟用5年时间使全国房屋建筑工程勘察设计质量总体水平显著提高。三是推动行业技术进步。发布《中国建筑技术政策》（2013版），印发《市政公用工程设计文件编制深度规定》（2013年版），完成《关于推进BIM技术在建筑领域应用的指导意见》（征求意见稿）。研究起草提高城市设计和建筑设计水平的指导意见框架。四是促进技术应用和交流。继续组织中日合作"建筑抗震技术人员研修"活动，批准发布45项国家建筑标准设计，组织召开全国工程建设标准设计专家委员会会议。完善国家级工法评审专家库，组织开发"国家级工法评审管理信息系统"，进一步

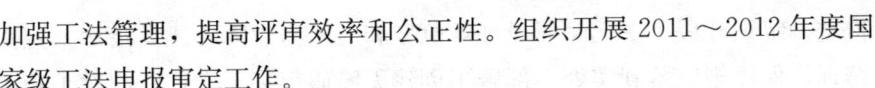

加强工法管理,提高评审效率和公正性。组织开展2011~2012年度国家级工法申报审定工作。

### (三)工程建设标准定额

**标准定额体系进一步完善。**标准定额是贯彻落实国家方针政策的有效途径,在支撑调整产业结构、改善民生、保障工程质量安全、节能减排等工作上具有重要作用。在完善标准定额体系方面,一是构建统一开放的工程建设标准国家体系框架,优化标准编制顶层设计。住房和城乡建设部紧紧围绕经济社会发展和市场需求,坚持科学发展,统筹兼顾,开展了20余个行业标准体系的全面梳理和整合,完成了标准体系综合统一,形成了层级清晰、衔接协调、状态准确的开放式、动态管理的国家体系。二是标准定额编制重点更加突出,支持各行各业建设发展。为配合国家产业结构调整,发布了铝电解厂工艺设计、洁净厂房设计等规范;为改善民生,加强养老服务、医疗服务设施建设,发布了养老设施建筑设计规范、社区卫生服务站建设标准和家庭无障碍建设指南;为推进信息化建设,发布了城市通信工程规划、建设领域信息技术应用基本术语等标准,开展了智慧城市规划模式等标准制订工作;为做好节能减排工作,发布了钢铁渣粉混凝土应用、有色金属冶炼厂节能设计、生活垃圾卫生填埋处理等标准;为推进绿色建筑发展,发布了绿色办公建筑、绿色工业建筑等标准;进一步完善了工程质量安全相关标准,发布了建筑施工安全技术统一规范、电力设施抗震设计规范等标准;房屋建筑与装饰工程、通用安装工程、市政工程等5套全国统一定额修订工作按计划开展;新发布的工程建设标准定额为国家重点工程和经济发展提供了重要技术依据。三是开展标准英文版翻译工作,积极配合国家"走出去"战略实施。以我国参与国际市场的重点领域和重大项目为目标,按照成体系、成规模、系列配套的工作原则,启动了电力、石化、冶金等行业标准英文版整体翻译,完成了电力工程安装规范等57项电力标准翻译,为我国企业参与国际市场竞争提供了有力技术支撑。

**标准定额重点工作进一步加强。**住房和城乡建设部在做好标准编制基础工作的同时,强化编管并重、点面结合。一是无障碍设施建设深入推进。组织开展了《无障碍设计规范》和《家庭无障碍建设指南》宣贯培训，保障规定落到实处。部署了创建无障碍市县工作，并印发了相关工作标准，将无障碍环境建设向纵深推进。二是工程量清单计价改革深入推进。2013版《建设工程工程量清单计价规范》及9本专业工程工程量计算规范是对原规范的全面修订，新规范专业更广泛，结构更合理，内容更充实，操作更便捷，更好地适应了市场经济的需要，体现了我国市场形成工程造价机制的改革方向，更加明确了工程计价风险的分担原则，并提出了全过程工程造价管理的理念。三是工程造价咨询企业的执业行为进一步规范。《建设工程造价咨询规范》已完成送审稿，规范进一步明确了造价咨询企业业务质量具体要求，为规范造价咨询企业执业行为和开展市场监管提供依据。启动了建设工程造价咨询合同示范文本的修订，进一步明确合同双方的权利、责任和义务。四是标准实施指导监督成果愈加明显。积极贯彻落实国务院化解产能严重过剩矛盾和"十二五"节能减排综合性工作要求，全面推动高强钢筋应用，通过加强技术研发、标准培训和监督检查等工作，400MPa及以上强度钢筋应用比例已达70%，比2012年提高了20个百分点。积极促进国家绿色建筑行动方案实施，研究推广高性能混凝土，并提出了"十三五"期间高性能混凝土推广目标和工作重点，组建了高性能混凝土推广应用技术指导组，启动了《高性能混凝土评价标准》和《混凝土用复合掺合料》两项关键标准制定。按照国务院加快宽带中国建设的要求，加快光纤到户建设进程，住房和城乡建设部会同工业和信息化部印发了《关于贯彻落实光纤到户国家标准的通知》，组织开展光纤到户国家标准宣贯培训会和工程建设现场会，推进光纤宽带网络在经济社会发展中发挥战略性、基础性作用。

**健全管理制度和工作机制。** 一是健全标准定额规章制度。住房和城乡建设部发布《建筑工程施工发包与承包计价管理办法》（住房和城乡建设部令第16号），该办法的出台对规范工程项目建设中各方计价行为，遏制阴阳合同、高价围标、工程结算难和工程经济纠纷等建筑市场顽疾具有积极意义。与财政部共同修订了《建筑安装工程费用项目组成》，适应了工程计价改革的需要。开展《工程造价咨询企业管理办法》

修订的调研和全面征求意见，为完善工程造价咨询业管理，规范造价咨询企业执业行为奠定基础。起草了《关于加强工程建设标准实施指导和监督工作的意见》、《工程建设标准宣贯培训管理办法》和《工程建设标准解释办法》。二是研究建立标准实施和监督协同工作机制。为推动标准有效实施，在高强钢筋推广应用工作中，不断探索研究、总结成功经验，建立了部门合作、上下联动、政策引导、示范推进的部门协作工作机制，并在高性能混凝土应用、光纤到户建设等专项工作中加以推广应用，有效地推动了标准实施监督。主动与有关部门协调配合，将标准执行情况纳入部门工作监督检查中，开辟了标准实施监督新途径。三是建立标准规范复审与立项的联动机制。通过清理和复审，完成对所有标准的摸底普查，建立年度计划与复审联动机制，将经复审需修订标准及时纳入年度计划，为整个标准体系的完善和更新奠定了坚实基础，更紧密地贴近经济社会的需求。

**抓住关键环节，提高管理水平。**一是完善立项工作程序，提高立项科学性。标准立项计划是标准编制龙头，按照标准体系要求，在各行业、单位申报的基础上，完善了征求意见方式，增加了征求意见次数，延长了征求意见时间。为各部门、各行业、社会公众充分提出意见和建议创造了条件。2014年立项计划草案采取信函、网上公示方式进行了多次征求意见，对反馈的重点问题进行了专家研究论证、部门沟通协商，提高了立项的科学性。二是全面开展标准复审，提高标准时效性。2013年，开展了对2011年及以前发布的1003项工程建设标准、产品标准的全面复审，根据复审结果，废止172项，对439项标准进行及时修订，纳入年度标准计划，提高标准时效性。结合清理工作，完成对所有标准的摸底普查，为今后标准编制和立项指明了方向。三是主动开展标准定额培训，提高人员素质。为确保标准实施主体能够及时了解、正确掌握和使用新制（修）订的标准，住房和城乡建设部加强了《混凝土结构设计规范》等重点标准宣贯培训。组织了高强钢筋生产应用、工程量清单计价和家庭无障碍建设的专家，对各省（区、市）技术和管理人员开展了技术培训，并带动了各地标准培训工作开展。

**完善信息服务，方便公众查询。**一是完善标准检索。完成了20余个行业标准体系的全面梳理和整合,并标注主题词,建立检索系统,拓展了标准体系应用范围,实现了体系的信息化管理。二是发布工程造价信息。在建设工程造价信息网上发布4期建筑工程人工成本信息和2期住宅造价指标。在工程造价信息化调研、总结的基础上,启动了国家建设工程造价数据库研究论证。三是提供强制性条文检索。为提高标准实施指导监督公共服务能力,通过开发强制性条文检索系统,向社会全面公开房屋建筑、城乡规划、城市建设三部分强制性条文,满足专业技术人员、管理人员及社会公众方便、快捷、准确查询所需规定,并制定了《工程建设标准强制性条文检索系统维护管理办法》,规范检索系统的维护管理工作。

**试点探索,保障标准质量及推动标准有效实施。**一是开展标准项目招标试点。为择优选择标准主编单位,开展部分标准项目向全社会进行公开招标试点,总结试点经验,解决发现问题,并选拔确定实力强、技术精、又热心于标准化事业的单位承担标准主编,保障标准质量和编制工作顺利开展,提高全社会参与标准化工作的积极性。二是开展实施监督信息化试点。推进深圳、江西和海南等地开展标准实施监督信息化试点,探索采用信息技术对标准实施情况过程留痕、符合判定等工作。目前,试点工作进展顺利,在推动标准有效实施、提高工程质量安全监管水平、提升工程质量符合率和安全生产符合率等方面均取得了较好效果。三是开展标准实施情况评估试点。为掌握建筑节能设计标准实施效果,组织有关单位和部分地方住房城乡建设主管部门按照《工程建设标准实施评价规范》要求,开展建筑节能设计标准实施情况评估工作,为相关标准下一步的制订、修订工作提供依据。

### (四) 建筑节能

为贯彻落实《节约能源法》、《民用建筑节能条例》和《国务院关于印发"十二五"节能减排综合性工作方案的通知》要求,进一步推进住房城乡建设领域节能减排工作,2013年12月,住房和城乡建设部组织了对全国建筑节能工作的检查。

2013年,各级住房城乡建设主管部门围绕国务院明确的建筑节能重点任务，进一步加强组织领导，落实政策措施，强化技术支撑，加强监督管理，各项工作取得积极成效。

**新建建筑执行节能强制性标准。** 2013 年，全国城镇新建建筑全面执行节能强制性标准，新增节能建筑面积 14.4 亿 $m^2$，可形成 1300 万 t 标准煤的节能能力。北方采暖地区、夏热冬冷及夏热冬暖地区全面执行更高水平节能设计标准，新建建筑节能水平进一步提高。全国城镇累计建成节能建筑面积 88 亿 $m^2$，约占城镇民用建筑面积的 30%，共形成 8000 万 t 标准煤节能能力。

**推进既有居住建筑节能改造。** 财政部、住房城乡建设部安排 2013 年度北方采暖地区既有居住建筑供热计量及节能改造计划 1.9 亿 $m^2$，截至 2013 年底，各地共计完成改造面积 2.24 亿 $m^2$。"十二五"前 3 年累计完成改造面积 6.2 亿 $m^2$，提前超额完成了国务院明确的"北方采暖地区既有居住建筑供热计量和节能改造 4 亿 $m^2$ 以上"任务。夏热冬冷地区既有居住建筑节能改造工作已经启动，2013 年共计完成改造面积 1175 万 $m^2$。

**建设公共建筑节能监管体系。** 截至 2013 年底，全国累计完成公共建筑能源审计 10000 余栋，能耗公示近 9000 栋建筑，对 5000 余栋建筑进行了能耗动态监测。在 33 个省市（含计划单列市）开展能耗动态监测平台建设试点。天津、上海、重庆、深圳市等公共建筑节能改造重点城市，落实节能改造任务 1472 万 $m^2$，占改造任务量的 92%；完成节能改造 514 万 $m^2$，占改造任务量的 32%。住房城乡建设部会同财政部、教育部在 210 所高等院校开展节约型校园建设试点，将浙江大学等 24 所高校列为节能综合改造示范高校。会同财政部、国家卫计委在 44 个部属医院开展节约型医院建设试点。

**加大可再生能源建筑应用。** 截至 2013 年底，全国城镇太阳能光热应用面积 27 亿 $m^2$，浅层地能应用面积 4 亿 $m^2$，建成及正在建设的光电建筑装机容量达到 1875 兆瓦。可再生能源建筑应用示范市县项目总体开工比例 81%，完工比例 51%。北京、天津、河北、山西、江苏、浙江、宁波、山东、湖北、深圳、广西、云南等 12 个省市、自治区的示范市县平均完工率在 70% 以上，共有 28 个城市、54 个县、2 个镇和 10 个市县追加任务完工率 100% 以上。山东、江苏两省省级重点推广区开工比例分别达到 136% 和 112%，完工比例为 44% 和 24%。

**推动绿色建筑与绿色生态城区建设。**住房城乡建设部与国家发展改革委共同制定了《绿色建筑行动方案》，并由国务院办公厅转发各地实施。山东、湖南、浙江等省以省政府名义印发本地绿色建筑行动实施方案。稳步推进绿色建筑评价标识工作，截至 2013 年底，全国共有 1446 个项目获得了绿色建筑评价标识，建筑面积超过 1.6 亿 $m^2$，其中 2013 年度有 704 个项目获得绿色建筑评价标识，建筑面积 8690 万 $m^2$。住房城乡建设部印发了保障性住房实施绿色建筑行动的通知及技术导则，全面启动绿色保障性住房建设工作。首批 8 个绿色生态城区 2013 年当年开工建设绿色建筑 1137 万 $m^2$，占总开工建设任务的 35.5%。

## （五）地方政府举措

**出台政策支持建筑业发展。**建筑业的快速发展与地方政府的高度重视和支持密不可分，政府引导、完善扶持政策是建筑业发展的有力支撑。2013 年，各地政府继续出台政策，明确建筑业发展目标、主要任务和政策措施，营造政府重视、关心、支持建筑业发展的良好氛围，促进建筑业转型升级，加快发展。安徽省政府出台《安徽省人民政府关于促进建筑业转型升级加快发展的指导意见》、福建省政府出台《福建省人民政府关于进一步支持建筑业发展壮大十条措施的通知》，湖北省政府出台《湖北省人民政府关于促进建筑业发展的意见》。

---

**安徽省人民政府关于促进建筑业转型升级加快发展的指导意见(摘要)**

　　培育壮大骨干企业。支持鼓励建筑业企业以产权为纽带跨地区、跨行业兼并重组，形成一批在全国有竞争力的安徽建筑业知名企业、品牌企业。联合组建的建筑业企业集团，其子公司可继续保持原有资质，共享企业业绩、人力资源等。支持施工企业向上下游产业延伸，形成主业突出、多元发展的经营格局。鼓励大型设计、施工企业发展成为集设计、咨询、施工于一体的综合性企业集团。

　　增强科技创新能力。实施建设行业科技创新联合行动计划，引导设计、施工、检测等企业采取校企合作、技术转让、技术参股等方式,开展产学研联合攻关,增加核心技术储备。鼓励企业编制工程建设标准和工法,开发专利和专有技术。对认定为高新技术企业的建筑业企业,可减按15%的税率征收企业所得税。建筑业企业因技术创新节约投资或提高效益的,建设单位应给予必要的奖励。积极推广使用建筑节能新技术、新工艺、新材料、新设备,大力发展绿色建筑,促进建设工程绿色施工,推进建筑业节能降耗。

加强人才队伍建设。推动建筑业企业与高等院校共建各类创新创业载体,培养引进经营管理、专业技术人才。鼓励建筑业企业与职业技术院校合作培养适应专业岗位需求的高技能人才,合作培养的学员具备土木工程类或建筑学类中等专科以上学历的,在报考二级建造师、二级建筑师执业资格时,其在校学龄可合并计算为工龄。督促建筑业企业足额提取职工教育经费,专项用于技术工种和一线职工技能培训。支持具备条件的大型建筑业企业组建初、中级专业技术资格评审委员会,授予相应专业技术资格评审权。对获得国家工程质量奖、国家级施工工法或3项以上"黄山杯"工程奖的专业技术人员,可不受学历、资历、论文数量等限制,破格申报参评相应专业技术资格。提高建筑业劳务输出组织化程度,推动农村富余劳动力向建筑业有序转移,支持皖北地区、大别山区建筑业和劳务分包企业发展。

切实减轻企业负担。总承包企业将工程进行分包的,或总承包、专业承包企业进行劳务分包的,按全部工程额扣除分包工程额的余额计算缴纳营业税。建筑业企业从事技术转让、开发、咨询、服务取得的收入,免征增值税。建筑业企业在境外提供建筑业劳务,暂免征收营业税。任何单位不得擅自设立除投标保证金、履约保证金、质量保证(保修)金、农民工工资保证金之外的其他保证金。建筑业企业可采用银行保函作为保证金缴纳形式。建立工程款结算、协调、仲裁和清算约束机制,业主要求建筑业企业提供履约担保的,应对等向建筑业企业提供工程款支付担保。工程竣工验收合格后,业主要及时全额返还履约保证金,质量保证(保修)金滞留时间最长不得超过24个月。

**推进建筑市场诚信体系建设。**广西取消各级建筑业企业备案制度，改为实施"诚信卡"管理制度。凡在广西参与工程招标投标活动和承发包活动的建筑业企业当事人，在参与相关活动时，均须携带"诚信卡"进行身份认证。"诚信卡"涉及的人员包括评标专家、企业代表（招标代理员、专职投标员）和项目人员（项目经理、专职安全员、总监理工程师），并记载有持卡人的基本信息、相关业绩及违法、违规行为等内容，是招标投标活动和承发包活动的电子身份识别证件。实施"诚信卡"制度，旨在推进建筑市场诚信体系建设，促进市场公平、公正竞争。同时，把诚信分列入招投标评分的总分，而企业质量安全行为将直接影响诚信分的得分，使得每一个项目每一个人的质量安全行为直接与招投标挂钩，从而推进工程质量安全水平的总体提升。

辽宁省依据企业诚信情况的不同，对跨省承揽业务的企业实行差别化监管，对省外施工企业跨省承揽业务实施"三色通道"市场准入制度。诚信情况良好的企业享受"绿色通道"，允许其先参加投标，中标后再办理备案手续；诚信情况一般的企业走"橙色通道"，对其备案申请进行程序性审查，通过后方可参加投标；诚信情况差的企业实行"红色通道"，对其备案申请严格审查，存在严重不良行为的不允许进入该省建筑市场。

为推动建筑业企业诚信建设，河北省紧紧抓住建设工程招投标这一关键环节，充分借助信息技术完善监管手段，不断创新具体管理措施，加快构建完善建筑业企业信用评价体系平台。2013年，河北省在全省范围内正式启用建筑业企业信用综合评价平台，将评价结果扩大到所有工程项目，实现全覆盖、全应用。

河北省住房和城乡建设厅在印发的《河北省建筑业企业信用综合评价平台应用有关工作的通知》中明确，自2013年5月20日起，河北省行政区域内的房屋建筑和市政基础设施工程项目招标时，均应使用信用综合评价结果，并对其评价结果在不同工程项目招标形式中的应用及所占分值权重做出了相应规定。公开招标项目采用资格预审的，依据信用综合评价结果，择优确定投标人；采用综合评估法评标的，信用综合评价分值占投标得分的比重控制在10％至20％之间，评价分值所占具体比重由设区市主管部门确定。采用经评审的最低投标价法评标的，参考信用综合评价分值确定中标人。同时，一并印发了新修订的《河北省建筑业企业信用综合评价内容和计分标准目录》。

2010年11月，河北省制定了《河北省住房和城乡建设厅关于试行建筑业企业信用综合评价的通知》和《河北省建筑业企业信用综合评价内容和计分标准目录》，并于2011年11月起启动河北省建筑业企业信用综合评价体系。通过两年多的试行，目前河北省建筑业企业信用综合评价体系的平台建设和数据收集机制已全面完成。该省决定2014年在全省范围内正式启用该平台，将评价结果适用范围在原仅局限在政府投资和国有控股财政投资项目扩大到所有工程项目招标中。对试行之初制定的目录进行了适当修订，新增了建设工程劳务管理内容（建筑劳务实名制落实和农民工工资支付），由原定的企业综合实力、市场交易及合同履约行为、建筑工程质量行为和安全文明施工行为4大类信用综合评价内容增扩为5大类。住房城乡建设主管部门及其委托的监督管理机构，将依据新修订的《河北省建筑业企业信用综合评价内容和计分标准目录》对本省行政区域内从事建筑活动的建筑业企业（本省和进冀建筑业企业）的自身实力和守法守约信用状况按照所定量化评价标准实施动态综合评价，并将评价结果应用于建筑工程招标投标和建筑市场监督管理。

该省充分利用信息技术不断强化招投标监管和查处市场违规行为，持续改进招投标交易管理及辅助评标系统，进一步完善拓展建筑业企业信用综合评价体系建设。已开发完成了围标串标辅助甄别子系统、行业自律承诺企业信息管理子系统、特殊企业查询子系统。为治理净化建筑市场招投标环境，重点打击市场主体规避招标、虚假招标投标、转包和违法分包行为，落实建筑市场环境治理工作，全面推进建筑业企业信用综合评价工作，该省依托信息技术开发完成了电子甄别围标串标软件。目前，河北省建设工程计算机辅助评标系统已实现对围标串标行为的计算机辅助甄别功能，可为专家判定企业是否存在围标串标行为提供数据支持。依据有关法规，该省决定2013年在全省范围内推行计算机辅助甄别围标串标行为的方法，同时制定配套的使用管理办法。该省要求使用自行开发辅助评标系统的市，应对系统进行相应升级，增加围标串标辅助甄别功能；实行工程量清单招标的政府或国有投资建设工程，应使用计算机辅助甄别围标串标行为。对于认定的围标串标行为将记入投标企业信用档案，情节严重的按照有关规定进行处理，使计算机辅助甄别围标串标行为的方法在全省积极稳妥有效推进，评价结果在评标中的直接参与、全面应用，有助于建筑企业规范市场行为，鼓励企业诚实经营和争优创先。（李亚莉）

**加强质量安全管理再推新举措。** 建筑工程涉及公共利益和公众安全，工程质量安全直接影响人民群众生活质量和生命财产安全。目前，我国正处在全面建设小康社会、加速推进城镇化的关键时期，工程建设规模大幅增加，质量安全管理难度不断加大，各地建设行政主管部门不断创新监管模式加强工程建设质量安全监管。

为更进一步完善建设工程项目安全生产现场动态监管，江苏省住房和城乡建设厅与中国移动通信集团江苏有限公司合作开发了"江苏省建设工程项目现场监管信息系统"，对现场安全管理主要负责人员实施GPS定位，通过系统自动采集建设单位项目负责人、项目总监、安全员等人员在岗、离岗信息，科学分析处理施工现场安全生产管理情况，并与招标投标和违规处罚系统自动对接。截至2013年底，该省实施定位项目7615个、人员25676名，有力保障了施工现场安全生产措施落到实处。2013年，该厅依据新版《建筑施工安全检查标准》，组织编制了《建筑行业施工现场检查规范用语编码及数据交换标准》，便于各省辖市、县在日常监督检查中将发现问题输入信息平台时，进一步规范检查用语，杜绝人情操作，提高检查效率和数据质量。

河北省保障性安居工程质量管理工作考核通过"百分制打分"来评定。质量管理考核内容包括市级住房城乡建设主管部门日常质量管理工作情况、施工现场质量管理情况及工程创优情况。其中，日常质量管理工作情况占42分，施工现场质量管理情况40分，工程创优情况18分。质量管理考核分为日常考核和年终综合考核。日常考核以质量巡查、暗访检查、专项检查等形式进行，主要考核内容为保障性安居工程质量巡查情况和施工现场质量管理情况。其中，在施工现场质量管理工作的考核中，工程实体质量情况占分最高；竣工工程验收合格率未达100%的，任一项不符合要求，都会被扣除该项全部分值。年终综合考核采取以专家为主的形式进行，主要考核各市住房城乡建设主管部门日常质量管理工作情况和工程创优情况。特别指出的是，如果全年出现重大质量安全事故、问题，造成恶劣影响的，不予年终综合考核。考核评定结果将作为分配河北省政府设立的保障性安居工程质量奖励基金的主要依据和全省质量监管系统各类评先的一项重要依据。

广西通过实行"源头把控、过程全控、内部查控、社会监控"的全过程动态管理模式保安居工程质量安全。源头把控，即从源头确保质量安全，严格把好基本建设程序关、招投标关、勘察设计质量关、施工图审查关和制度建设关。过程全控，即严格落实开工条件核查制度、参建各方质量安全责任、原材料进场质量控制制度、竣工验收制度和责任追究制度，将质量安全监管自始至终贯穿到工程建设过程的每一个环节。内部查控，即通过实行全区保障性安居工程厅际联合督查、包片巡查、抽查巡查等，促使质量安全督查常态化、制度化。督查过程中，对资金和土地不到位、政策不落实、建设进度滞后、项目存在严重质量隐患、发生较大生产安全事故的地方，实行约谈问责。社会监控，即充分调动全社会的力量参与保障性安居工程质量安全管理，如在施工现场主要入口处悬挂"保障性安居工程质量安全公开承诺牌"，公开投诉电话；邀请新闻媒体曝光质量安全问题；主动接受人大代表政协委员监督等。

青岛四项措施加强保修期内住宅工程质量投诉处理工作，一是设立质量投诉受理公告制度。要求住宅工程竣工验收前，开发(建设)单位必须在住宅小区各单元主要出入口处的显著部位张贴《住宅质量投诉受理公告牌》，否则不得组织工程竣工验收。二是强化质量投诉的市场主体考核管理。明确开发（建设）单位为保修期内质量投诉受理第一责任人，质量投诉一经查实，属施工质量问题的、处理措施不力的、在规定或承诺时限内未处结的、同一工程连续发生多次投诉的或发生群访群诉的，将对开发（建设）单位、施工企业、监理企业和责任人扣分，与企业招标投标联动。三是实施质量投诉监管联动机制。因施工质量原因，在同一工程中连续发生3起或3起以上投诉的，对开发（建设）单位、施工企业在青岛市行政区域内在建项目进行全面停工检查，其间建设单位暂不得组织阶段性验收，取消开发（建设）单位、施工企业、监理企业当年评优评先资格，当年不受理企业资质增项升级申请。四是建立通报曝光制度。每月对质量投诉处理不及时、措施不力的责任单位进行通报曝光。

**加强农民工工资支付制度建设。**《山东省人民政府关于进一步做好新形势下农民工工作的意见》提出，全面实施"一书两金一卡"制度（上级政府与下级政府、企业与当地政府分别签订防范处置企业拖欠工资目标责任书；在建设领域和欠薪多发行业普遍建立用人单位缴纳工资保证金制度，在欠薪多发市、县（市、区）建立完善欠薪应急周转金制度；全面推行农民工实名制工资支付银行卡）。进一步完善落实建筑总承包企业负责解决分包企业欠薪责任制度，建立对恶意欠薪行为的行政司法联动打击机制，完善欠薪案件处置地政府负责制，落实重大欠薪案件社会公布制度。因"一书两金一卡"制度不落实而发生农民工欠薪的，要追究当地政府的责任。每年开展2次农民工工资支付专项检查，对举报投诉案件发现一起查处一起。河北省委办公厅、省政府办公厅印发《关于进一步加强保障农民工工资支付制度建设的意见》。《意见》明确要求，按照谁用工谁负责的原则，用人单位和劳务派遣企业对与其建立劳动关系的农民工负工资支付主体责任，建设单位对所建设的项目工资支付负监管责任。因建设单位将工程项目发包给不具备用工主体资格的个人而引发拖欠农民工工资的，由建设单位负责解决所欠工资。施工总承包企业对所承建项目工资支付负总责，因出借资质、转包、违法分包等原因引发工资拖欠，或已按分包合同支付工程款分包企业仍拖欠工资的，由施工总承包企业直接支付或先行垫付所欠工资，不得以拖欠工程款为由拖欠农民工工资。施工总承包企业确实拿不出资金支付农民工工资的，由建设单位先行垫付所欠工资，并在工程款结算时扣除。《意见》提出实行无障碍举报投诉制度，各级人力资源社会保障部门和政府清欠部门要进一步畅通举报投诉渠道，向社会公布举报投诉电话，安排专人值班，及时受理欠薪举报投诉，做到有案必接、有报必查；要督促落实建筑施工项目信息公示制度，明示建设单位、总承包企业、分包企业信息和属地监管机构办公地址和投诉电话，切实解决群众讨薪无门的问题。《意见》还提出将企业劳动用工和工资支付情况作为企业信用等级评定的重要依据。

**试行建设工程劳务分包指导价。**2013年4月，合肥市城乡建委发布《合肥市建设工程劳务分包指导价》，这份全国首部劳务分包指导价是在结合国家计量规范、行业劳动定额规范和市场平均水平测算基础上编制的，既解决了劳务公司与总承包企业的结算参考依据问题，也为处理建筑企业与班组及工人之间的结算纠纷提供了"一杆秤"，将改变建筑市场企业之间原先粗放的分包管理模式，以劳务指导价为依据，对项目各项进行组合管理，实现良性发展。新推出的建设工程劳务分包指导价，适用于合肥市行政区域内新建、扩建、改建的房屋建筑工程，是按照正常施工条件施工企业的施工机械装备程度、施工方法、施工工艺、劳动组织以及合理工期进行编制的。其中，人工费单价已包含了用人单位需交纳的养老保险、失业保险、医疗保险、生育保险等社会保障费。《劳务分包指导价》以建设工程列项，涵盖所涉及的13个工种，具有很强的指导性。

**扶持高新技术企业申请建筑业资质。**为支持高新技术成果向传统建筑行业转化，引导建筑业企业依托高新技术提升企业核心竞争力，促进北京市建筑业企业的转型和高新技术企业的发展，北京市住房和城乡建设委员会、中关村科技园区管委会联合印发了《关于中关村国家自主创新示范区高新技术企业申请建筑业企业资质有关事项的通知(试行)》，对注册在中关村国家自主创新示范区的高新技术企业申请建筑业企业资质制度进行了积极的创新。《通知》明确了扶持高新技术企业申请建筑业企业资质的5项具体措施：一是企业初次申请且具备条件可以直接申请二级资质。二是企业主项资质为专业承包的，可以申请与其高新技术相适应的施工总承包资质。三是企业主项资质为施工总承包的，申请的与其高新技术相适应的专业承包资质等级不受限制。四是企业申请晋升资质等级时，与其高新技术相适应的业绩可以采用同一技术指标申报，但业绩总数应符合资质标准规定的数量要求。五是企业作为技术指导单位的合法工程业绩可以作为代表工程业绩申报。这5项措施既突破了企业申报资质只能从最低等级开始、专业资质不能高于总包资质等限制，也在企业业绩认定方面有重要的创新，打破了高新技术建筑业企业发展的瓶颈。

**"一企一策"支持龙头企业发展。**广西壮族自治区住房城乡建设厅印发《广西建工集团及其直属企业行政审批事项垂直审批实施意见》，明确提出给予广西建工集团"一企一策"支持，对广西建工集团及其直属企业行政审批事项实施垂直审批，采取"一站式"服务，减少由企业所在设区市住房城乡建设主管部门的初审环节，提高审批效率，优化服务环境，力争到2015年，将广西建工集团打造成为年营业收入超千亿元的企业集团，使其成为国内外具有较强竞争力的区域"旗舰"建筑业企业集团。

**加强建筑业领域交流与合作。**2013年8月，陕西省住房城乡建设厅与四川省住房城乡建设厅签订《关于加强川陕两地建筑领域交流与合作框架协议》，两省在建筑市场管理、工程质量与安全监督管理、建筑劳务输出管理、建设法规的制定和执行等方面的交流与合作将进一步加强，两省厅之间还将不定期举行建筑行业对口交流活动。同时，将积极支持对方驻外办事处在本辖区内开展工作，建立顺畅稳定的信息交流机制和平台，实现资源共享，互相促进；将积极支持对方建设工程企业到本辖区从事与资质相符的相关业务，依照国家的相关规定，本着对等互利的原则支持对方企业在省的准入和发展，逐步取消资质等级、业绩等方面的限制，平等对待。

2013年9月，江苏省政府在武汉举办江苏建设领域合作推进会，进一步深化江苏与湖北、湖南两省在建设领域的广泛合作。三省将加强沟通联系，在创新合作机制方面迈上新台阶。着眼长期持久合作，建立更为紧密的沟通联系和协调磋商机制。在三省建设主管部门设立联络员，适时举行省际交流磋商，轮流召开合作联席会议，加强区域合作信息交流，推动交流合作更进一步。江苏鼓励更多的优势企业带技术、带资金落户鄂湘，把合作的领域由建筑施工逐步拓展到规划设计、建筑科研、新技术新标准应用、基础设施建设和节约型城乡建设等多个方面。同时，湖北、湖南两省建设企业到江苏开拓市场、投资兴业，开展全方位的交流与合作，更好地推动相关产业和市场的紧密融合。在开展工程建设等传统合作的同时，进一步完善合作平台，重点在投资融资、技术创新、产业发展、资源配置、人员培训等方面探索行之有效的合作模式，促进人才、资本和技术等要素合理配置流动，发挥更大作用，并以此带动城乡建设领域加快转型升级。

# 第二章 中国建筑业发展状况

## 一、发展特点

### (一) 仍然处在高速扩张区间

2013年至2014年上半年,在国内经济明显下行,诸多行业大幅下行的形势下,建筑业基本面仍然是好的,产业规模继续扩大,总体规模再创历史新高,总产值、增加值、合同额、房屋建筑施工面积及竣工面积等指标继续增长,建筑施工、勘察设计、建设监理等行业均保持15%以上的增速。

### (二) 同比增速继续下降

2013年,虽然建筑业总体规模仍在扩大,但受经济下行压力影响,增速继续延续2011年以来的下降趋势,建筑业总产值增速2011年降到21.3%,2012年下降到17.8%,2013年降至16.1%。增速下降的主要原因在于大多数地区房地产产品滞销,基本建设项目减少,资金落实情况不好,建筑市场资金面紧张。

### (三) 企业结构性分化明显

2013~2014上半年,尽管建筑市场整体形势开始从紧,但不同的企业对于市场的感受明显不同,营业业绩、发展状况差距逐步拉开,企业结构性分化较为明显。企业结构性分化的决定因素主要来自两个方面:市场适应能力和企业竞争实力。与市场需求吻合度高的企业,关注并主动适应政府政策支持方向的企业,继续保持高增长势头,这既包括综合性总承包企业,也包括一些中小劳务分包企业。企业的竞争实力在于资金能力、质量安全保证能力、诚信经营能力、市场拓展能力的差别，长期致力于企业竞争能力建设的企业在市场变化的时候，表现出了较强的抗风险能力。当前的市场还表现出从事基础设施建设的企业较之一般房屋建设企业的形势要好一些，不同的企业面对不同的市场，有的企业表现为由热转冷，也有企业表现为随着政策变化市场由冷转暖。

## （四）技术突破初现端倪

在企业积极寻求持续发展的努力和政府支持下，通过技术创新走出转型升级之路，是相当一批企业正在努力为之奋斗的方向。我们看到，在相关的技术政策和经济政策并不十分清晰的情况下，有企业持续一段时间在建造方式创新的研究、试验、产业化应用方面付出努力。还有一批企业和专业人员通过先进的信息技术打通产业链，寻求建造过程多面统筹、多专业融合，寻求建造过程的节约、效率、品质、组织优化，为整个行业的转变增长方式做着艰难的探索，在工业化和信息化方面，已经积累了宝贵的成果和实践经验。

## （五）保稳定、防风险为主基调

在新的形势下，建筑业各类企业都将保稳定、防风险放在重要位置。各类企业通过紧跟新的投资热点、保住原有客户、拓展新的地域市场、促成新项目等方式，努力保持经营规模的稳定和业务的健康发展。面对新的建设方式、不同种类业主、日趋复杂的项目，管理的风险、资金的风险，国外市场政治、经济的安全风险，都超过了历史的任何时期，防范风险，是当前时期各类企业致力的一项重要任务。

## （六）中西部发展速度继续加快

得益于国家的西部开发战略和中西部地区的后发机遇，2013年，从建筑业总产值增长来看，中西部地区继续保持较好发展势头，建筑业总产值增速最快的是贵州、新疆、甘肃，增速分别达到31.3%、27.7%、25.2%。但个别地区的发展也受到了少数极端民族分子制造恐怖事件的威胁，对局部地区的发展带来不利影响。

## 二、建筑施工

### (一) 规模分析

**产业规模继续扩大。**2013年，全国具有资质等级的总承包和专业承包建筑业企业完成建筑业总产值159312.95亿元，比上年增长16.1%；签订合同额289674.06亿元，增长17.1%；完成房屋建筑施工面积1129967.69万$m^2$，增长14.6%；完成房屋建筑竣工面积389244.93万$m^2$，增长8.5%；按建筑业总产值计算的劳动生产率为324842元/人，增长9.6%。共有建筑业企业79528个（表2-1、图2-1、图2-2）。

2010～2013年建筑业企业主要经济指标比较　　表2-1

| 类别/年份 | 2010 | 2011 | 2012 | 2013 |
|---|---|---|---|---|
| 企业数量（个） | 71863 | 72280 | 75280 | 79528 |
| 建筑业总产值（亿元） | 96031.13 | 116463.32 | 137217.86 | 159312.95 |
| 建筑业增加值（亿元） | 26661 | 31943 | 35491 | 38995 |
| 利润总额（亿元） | 3409.07 | 4168.33 | 4776.14 | 5575 |
| 税金总额（亿元） | 3351.31 | 3864.41 | 4388.88 | |
| 劳动生产率（按总产值计算）（元/人） | 203962 | 233104 | 296424 | 324842 |
| 产值利润率（%） | 3.5 | 3.6 | 3.5 | 3.5 |
| 产值利税率（%） | 7.0 | 6.9 | 6.7 | |

注：建筑业增加值各年度数据、利润总额2013年数据引自国家统计局《2013年国民经济和社会发展统计公报》；其他经济指标2010、2011、2012年数据引自《中国统计年鉴》，2013年数据引自国家统计局《2013年建筑业企业生产情况统计快报》。

**支柱产业作用继续加强。**2013年，建筑业继续发挥在国民经济中的支柱产业作用，为统筹城乡发展、扩大城乡就业、改善城乡面貌、维护社会稳定做出了重要贡献。全社会建筑业实现增加值38995亿元，占全年国内生产总值的6.86%。全国具有资质等级的总承包和专业承包建筑业企业从业人员4499.31万人。

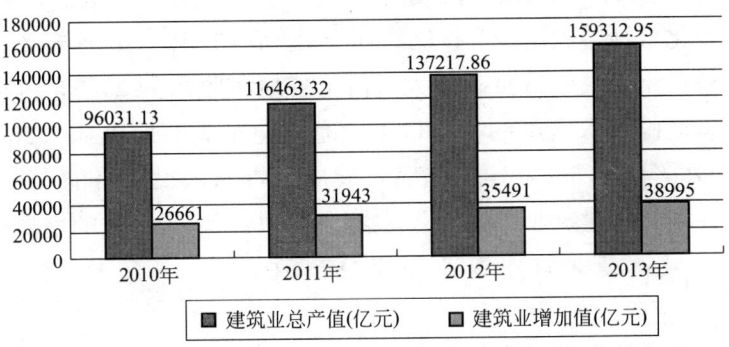

图 2-1　2010～2013 年建筑业总产值、建筑业增加值图示

图 2-2　2010～2013 年建筑业劳动生产率变化图示

建筑业对地方经济社会发展的贡献也持续提升，在稳增长、调结构、推动地方经济发展和吸纳农村转移人口就业等方面作用显著。2013年，江苏省建筑业对农民增收贡献率达 28%，2013 年实现利税总额 1760 亿元，其中地税占 18%。浙江省建筑业总产值首次突破两万亿元大关，达到 20066 亿元，同比增长 15.8%，创出历史新高。建筑业对经济社会贡献持续提升，利税总额首次突破 1000 亿元，对地方财政贡献率保持在 13% 左右，建筑业增加值占全省 GDP 的比重保持在 5.5% 以上，建筑业从业人员达到 653 万人，有效地转移了农村富余劳动力。吉林省建筑业产值、增加值连续七年保持两位数增长，增加值占 GDP 比重保持在 6.8% 左右；税收占全省地税收入连续六年保持 15% 以上，是地方财政收入的主要来源之一。2011 年至 2013 年，贵州省建筑业提供农民工工资约 2400 亿元，吸纳农村转移人口就业约占全省新增就业

人数的 20% 左右，带动钢铁、建材、化纤等相关行业完成总产值 5685 亿元，转化全社会固定资产投资约 8050 亿元。2013 年，建筑业在第二产业中对贵州地税收入贡献最大，占全省地税收入的 23%，占第二产业对全省地税收入贡献的一半以上；完成建筑业增加值 557.18 亿元，占省 GDP 的 6.9%，建筑业已发展成为贵州国民经济的支柱产业。近年来，湖北省建筑业产业规模屡攀新高，每年以千亿级的增幅快速攀升。2013 年，湖北省建筑业完成总产值 8343.40 亿元，比上年增长 18.5%。

**建筑业仍是农民工就业主渠道。** 据国家统计局抽样调查统计，2013 年全国农民工共 2.69 亿人，比上年增长 2.4%。其中，东部地区 1.62 亿人，中部地区 0.57 亿人，西部地区 0.5 亿人。农民工主要从事制造业、建筑业、批发和零售业，农民工在东部地区从事建筑业的占 17.5%，在中部地区从事建筑业的占 28.5%，在西部地区从事建筑业的占 30%（表 2-2）。

2013 年分地区分行业农民工数量构成　　　　　　表 2-2

| 指标 | 东部地区（%） | 中部地区（%） | 西部地区（%） |
| --- | --- | --- | --- |
| 制造业 | 43.1 | 20.1 | 13.2 |
| 建筑业 | 17.5 | 28.5 | 30.0 |
| 批发和零售业 | 10.2 | 12.9 | 13.2 |
| 交通运输、仓储和邮政业 | 5.3 | 7.3 | 8.2 |
| 住宿和餐饮业 | 5.0 | 6.2 | 8.1 |
| 居民服务、修理和其他服务业 | 9.9 | 11.1 | 12.2 |
| 其他行业 | 9.0 | 13.9 | 15.1 |

注：数据引自国家统计局《2013 年全国农民工监测调查报告》。

1980 年及以后出生的新生代农民工 1.25 亿人，占农民工总量的 46%。老一代农民工中，29.5% 从事建筑业。新生代农民工中从事建筑业的比重大幅下降，仅为 14.5%，不及老一代农民工的一半。

## （二）效益分析

2013 年，全社会建筑业实现增加值 38995 亿元，比上年增长 9.5%。企业经营效益稳步提高，全国具有资质等级的总承包和专业承包建筑业企业实现利润 5575 亿元,比上年增长 16.7%。其中,国有及国有控股建筑业企业实现利润 1363 亿元,增长 20.1%。建筑业的产值利润率为 3.5%,与上年持平。按照建筑业总产值计算的劳动生产率达到 324842 元/人,比上年增长 9.6%。

## (三) 结构分析

### 1. 产品结构

**房地产开发投资继续增长。**2013 年,房地产开发投资 86013 亿元,比上年增长 19.8%。其中,住宅投资 58951 亿元,增长 19.4%;办公楼投资 4652 亿元,增长 38.2%;商业营业用房投资 11945 亿元,增长 28.3%。房地产开发投资占全社会固定资产投资的 19.24%。

2013 年,住宅竣工面积在房屋建筑竣工面积中所占比重继续上升,达 66.7%;其次为厂房及建筑物、商业及服务用房屋,所占比重分别为 13.4%、6.4%(表 2-3)。

2013 年房屋建筑竣工面积构成　　表 2-3

| 房屋类型 | 竣工面积(万 $m^2$) | 所占比例(%) |
| --- | --- | --- |
| 总计 | 389244.93 | 100 |
| 住宅房屋 | 259600.80 | 66.7 |
| 商业及服务用房屋 | 24748.53 | 6.4 |
| 办公用房屋 | 22439.10 | 5.8 |
| 科研、教育和医疗用房屋 | 16139.79 | 4.1 |
| 文化、体育和娱乐用房屋 | 3390.62 | 0.9 |
| 厂房及建筑物 | 52326.39 | 13.4 |
| 仓库 | 2507.44 | 0.6 |
| 其他未列明的房屋建筑物 | 8092.25 | 2.1 |

注:各类房屋建筑竣工面积数据引自国家统计局《2013 年建筑业企业生产情况统计快报》。

**交通固定资产投资稳步增长。**2013 年,全国完成铁路公路水路固定资产投资 22190.67 亿元,比上年增长 6.4%,占全社会固定资产投资的 5.0%。

全年完成铁路固定资产投资 6657.5 亿元，比上年增长 2.0%。其中基本建设共完成 5327.7 亿元，增长 2.2%。全年共投产新线 5586km，其中高速铁路 1672km，投产复线 4180km，投产电气化铁路 4810km。

全年完成公路建设投资 13692.20 亿元，比上年增长 7.7%。其中，高速公路建设完成投资 7297.76 亿元，增长 0.8%。普通国省道建设完成投资 3899.61 亿元，增长 18.4%。农村公路建设完成投资 2494.83 亿元，增长 14.4%，新改建农村公路 20.54 万 km。集中连片特困地区贫困县完成公路建设投资 3185.14 亿元，增长 18.8%，占全国公路建设投资 23.3%。

全年内河及沿海建设完成投资 1528.46 亿元，比上年增长 2.3%。其中，内河建设完成投资 545.97 亿元，增长 11.5%。内河港口新建及改（扩）建码头泊位 164 个，新增吞吐能力 9271 万 t，其中万吨级及以上泊位新增吞吐能力 4316 万 t。全年新增及改善内河航道里程 866km。沿海建设完成投资 982.49 亿元，下降 2.2%。沿海港口新建及改（扩）建码头泊位 125 个，新增吞吐能力 30597 万 t，其中万吨级及以上泊位新增吞吐能力 27163 万 t。集中连片特困地区贫困县完成水运建设投资 19.33 亿元，全部为内河建设投资，增长 20.7%，占全国内河建设投资 3.5%。

2. 所有制结构

**国有企业骨干作用继续发挥。**2013 年，在具有资质等级的总承包和专业承包建筑业企业中，国有及国有控股建筑业企业 7038 个，占全部企业数量的 8.8%；国有及国有控股企业从业人员为 723.1 万人，占全部企业的 16.1%。

2013 年，国有及国有控股建筑业企业完成建筑业总产值 48889.29 亿元，增长 13.1%，占全部企业的 30.7%；签订合同额 115497.94 亿元，增长 15.9%，占全部企业的 39.9%；竣工产值 20376.99 亿元，增长 8%，占全部企业的 22.6%；实现利润 1363 亿元，增长 20.1%，占全部企业的 24.4%。全国具有资质等级的总承包和专业承包建筑业企业按建筑业总产值计算的劳动生产率为 324842 元/人，国有及国有控股建筑业企业为 470897 元/人。

国有及国有控股建筑业企业以较少的企业和从业人员完成了 30.7%的总产值、39.9%的合同额、22.6%的竣工产值，充分显示了国有及国有控股企业在建筑业中的骨干作用（表 2-4）。

**2013 年国有及国有控股建筑业企业主要生产指标占全部企业的比重**　　表 2-4

| 类别 | 全国建筑业企业 | 国有及国有控股建筑业企业 | 国有及国有控股建筑业企业占全部企业的比重 |
| --- | --- | --- | --- |
| 企业数量（个） | 79528 | 7038 | 8.8% |
| 从业人数（万人） | 4499.31 | 723.10 | 16.1% |
| 建筑业总产值（亿元） | 159312.95 | 48889.29 | 30.7% |
| 签订合同额（亿元） | 289674.06 | 115497.94 | 39.9% |
| 竣工产值（亿元） | 90198.65 | 20376.99 | 22.6% |
| 实现利润（亿元） | 5575 | 1363 | 24.4% |

注：企业主要生产指标数据引自国家统计局《2013 年建筑业企业生产情况统计快报》、《2013 年国民经济和社会发展统计公报》。

2013 年，国有及国有控股建筑业企业完成建筑业总产值居前的省市依次是：北京、湖北、广东、上海、陕西、天津。签订合同额居前的省市依次是：北京、广东、湖北、上海、湖南、陕西（表 2-5）。

**2013 年国有及国有控股企业建筑业总产值、合同额地区份额**　　表 2-5

| 建筑业总产值 | | 合同额 | |
| --- | --- | --- | --- |
| 地区 | 数额（亿元） | 地区 | 数额（亿元） |
| 北京 | 5350.90 | 北京 | 14446.29 |
| 湖北 | 3972.72 | 广东 | 9409.12 |
| 广东 | 3207.20 | 湖北 | 9139.30 |
| 上海 | 2950.88 | 上海 | 9014.88 |
| 陕西 | 2418.93 | 湖南 | 6155.93 |
| 天津 | 2351.51 | 陕西 | 5768.29 |

注：数据引自国家统计局《2013 年建筑业企业生产情况统计快报》。

**3. 地区结构**

2013 年，建筑业总产值排在前 6 位的省市依次是：江苏、浙江、辽宁、湖北、山东、广东。上述 6 省市完成建筑业总产值占全国建筑业总产值的 47%。其中，江苏和浙江分别占 13.6% 和 12.6%（表 2-6）。

**2013 年建筑业总产值地区份额**　　　　　　　　　　　表 2-6

| 地区 | 建筑业总产值（亿元） |
| --- | --- |
| 江苏 | 21712.16 |
| 浙江 | 20066.42 |
| 辽宁 | 8743.37 |
| 湖北 | 8343.40 |
| 山东 | 8332.70 |
| 广东 | 7729.24 |

注：数据引自国家统计局《2013 年建筑业企业生产情况统计快报》。

2013 年，建筑业总产值增速最快的是贵州、新疆、甘肃，增速分别为 31.3%、27.7%、25.2%。

在省外完成建筑业产值位居前列的依次是：浙江、江苏、北京、湖北，产值分别为 10053.59 亿元、8794.54 亿元、4644.28 亿元、3075.25 亿元，省外完成产值占建筑业总产值的比重分别为 50.1%、40.5%、62.7% 和 36.9%。

**4. 上市公司**

2013 年，建筑业上市公司共完成营业收入 30068.39 亿元，平均 859.10 亿元。30 家企业的营业收入增长，5 家下降。营业收入前三名依次是中国建筑股份有限公司、中国铁建股份有限公司、中国中铁股份有限公司，营业收入分别为 6810.48 亿元、5867.90 亿元、5587.99 亿元。20 家企业每股收益增长，4 家持平，11 家下降。每股收益前三名是：中工国际工程股份有限公司、上海隧道工程股份有限公司和中国铁建股份有限公司，每股收益分别为 1.13 元、0.99 元和 0.84 元（表 2-7）。

**建筑业上市公司 2013 年年报部分数据**　　　　　　　表 2-7

| 股票代码 | 公司名称 | 每股收益（元） | | 净利润（万元） | | 净资产收益率（%） | | 营业利润率（%） |
| --- | --- | --- | --- | --- | --- | --- | --- | --- |
| | | 2012 | 2013 | 2012 | 2013 | 2012 | 2013 | |
| 000065 | 北方国际合作股份有限公司 | 0.57 | 0.74 | 11971.49 | 15610.81 | 19.99 | 21.47 | 8.98 |

续表

| 股票代码 | 公司名称 | 每股收益(元) | | 净利润(万元) | | 净资产收益率(%) | | 营业利润率(%) |
|---|---|---|---|---|---|---|---|---|
| | | 2012 | 2013 | 2012 | 2013 | 2012 | 2013 | |
| 000498 | 山东高速路桥集团股份有限公司 | 0.32 | 0.23 | 23160.57 | 26124.38 | 12.44 | 12.14 | 5.00 |
| 000758 | 中国有色金属建设股份有限公司 | 0.23 | 0.09 | 20259.23 | 8185.84 | 8.31 | 2.14 | 0.73 |
| 000797 | 中国武夷实业股份有限公司 | 0.25 | 0.27 | 9812.73 | 10411.50 | 8.09 | 8.01 | 9.74 |
| 002051 | 中工国际工程股份有限公司 | 1.11 | 1.13 | 63496.81 | 71847.67 | 23.02 | 16.11 | 9.60 |
| 002060 | 广东水电二局股份有限公司 | 0.09 | 0.15 | 5711.82 | 8924.11 | 2.42 | 3.68 | 1.77 |
| 002062 | 宏润建设集团股份有限公司 | 0.24 | 0.32 | 13554.51 | 17922.62 | 7.18 | 8.98 | 2.42 |
| 002135 | 浙江东南网架股份有限公司 | 0.11 | 0.08 | 8236.91 | 6046.75 | 4.79 | 3.4 | 1.87 |
| 002140 | 东华工程科技股份有限公司 | 0.75 | 0.53 | 33335.45 | 23519.60 | 26.76 | 15.76 | 10.24 |
| 002307 | 新疆北新路桥建设股份有限公司 | 0.09 | 0.06 | 3753.89 | 2381.45 | 3.16 | 1.93 | 0.57 |
| 002524 | 光正钢结构股份有限公司 | 0.07 | 0.003 | 2787.51 | 154.97 | 5.56 | 0.21 | −2.64 |
| 002542 | 中化岩土工程股份有限公司 | 0.32 | 0.35 | 6382.58 | 7070.32 | 8.35 | 8.63 | 16.31 |
| 002586 | 浙江省围海建设集团股份有限公司 | 0.28 | 0.32 | 8685.94 | 9638.76 | 10.49 | 10.72 | 8.47 |
| 002628 | 成都市路桥工程股份有限公司 | 0.43 | 0.48 | 26035.59 | 31494.28 | 17.46 | 15.53 | 9.84 |
| 600039 | 四川路桥建设股份有限公司 | 0.65 | 0.49 | 67508.76 | 51292.40 | 19.74 | 12.75 | 2.81 |
| 600068 | 中国葛洲坝集团股份有限公司 | 0.45 | 0.45 | 156251.26 | 158473.70 | 13.24 | 12.14 | 3.97 |
| 600170 | 上海建工股份有限公司 | 0.58 | 0.58 | 159986.81 | 161809.00 | 14.41 | 13.06 | 1.61 |

续表

| 股票代码 | 公司名称 | 每股收益(元) | | 净利润(万元) | | 净资产收益率(%) | | 营业利润率(%) |
| --- | --- | --- | --- | --- | --- | --- | --- | --- |
| | | 2012 | 2013 | 2012 | 2013 | 2012 | 2013 | |
| 600284 | 上海浦东路桥建设股份有限公司 | 0.72 | 0.75 | 35912.75 | 49349.80 | 13.11 | 11.73 | 54.98 |
| 600477 | 浙江杭萧钢构股份有限公司 | -0.25 | 0.10 | -11548.04 | 4457.31 | -14.28 | 5.82 | 1.76 |
| 600491 | 龙元建设集团股份有限公司 | 0.42 | 0.23 | 39419.44 | 22162.85 | 14.21 | 7.35 | 2.17 |
| 600496 | 长江精工钢结构(集团)股份有限公司 | 0.36 | 0.40 | 20981.88 | 23713.30 | 10.40 | 10.76 | 3.71 |
| 600502 | 安徽水利开发股份有限公司 | 0.51 | 0.40 | 25777.47 | 20286.26 | 20.15 | 13.98 | 4.80 |
| 600512 | 腾达建设集团股份有限公司 | 0.03 | 0.20 | 2009.30 | 15097.14 | 1.91 | 13.51 | 3.99 |
| 600528 | 中铁二局股份有限公司 | 0.40 | 0.29 | 58110.31 | 42160.61 | 10.60 | 7.24 | 1.16 |
| 600820 | 上海隧道工程股份有限公司 | 0.89 | 0.99 | 115103.76 | 128930.90 | 11.02 | 11.14 | 5.81 |
| 600853 | 龙建路桥股份有限公司 | 0.03 | 0.03 | 1782.64 | 1721.75 | 2.33 | 2.21 | 0.15 |
| 600970 | 中国中材国际工程股份有限公司 | 0.68 | 0.08 | 74880.29 | 8934.97 | 15.21 | 1.95 | 1.00 |
| 601117 | 中国化学工程股份有限公司 | 0.63 | 0.68 | 308353.57 | 335839.34 | 18.48 | 17.15 | 6.68 |
| 601186 | 中国铁建股份有限公司 | 0.70 | 0.84 | 862912.7 | 1034465.8 | 12.71 | 13.59 | 2.09 |
| 601390 | 中国中铁股份有限公司 | 0.35 | 0.44 | 739014.9 | 937463.4 | 9.9 | 11.39 | 2.21 |
| 601618 | 中国冶金科工股份有限公司 | -0.36 | 0.16 | -694335.5 | 298086.4 | -15.53 | 6.95 | 2.18 |
| 601668 | 中国建筑股份有限公司 | 0.52 | 0.68 | 1573523.6 | 2039851.2 | 16.52 | 18.60 | 5.61 |
| 601669 | 中国电力建设股份有限公司 | 0.43 | 0.47 | 412703.01 | 455599.68 | 14.21 | 14.10 | 4.36 |
| 601789 | 宁波建工股份有限公司 | 0.34 | 0.48 | 13466.75 | 22666.26 | 10.71 | 11.82 | 2.46 |
| 601800 | 中国交通建设股份有限公司 | 0.75 | 0.75 | 1197976.3 | 1213884.4 | 14.75 | 13.29 | 4.58 |

## 三、勘察设计

### (一) 规模分析

**业务规模继续增长。** 2013 年,全国勘察设计企业完成合同额合计 16805.62 亿元,比上年增长 41.38%。勘察设计企业营业收入总计 21409.81 亿元,比上年增长 32.39%(图 2-3)。勘察设计行业人均营业收入 88 万元,比上年增长 15.79%(图 2-4)。勘察设计行业全年利润总额 1408.49 亿元,比上年增长 17.77%;应交所得税 264.59 亿元,比上年增长 3.83%。勘察设计行业企业净利润 1145.89 亿元,比上年增长 20.61%。设计企业施工图完成投资额 88686.70 亿元,比上年增长 3.24%;施工图完成建筑面积 45.68 亿 m²,比上年增长 10.44%。

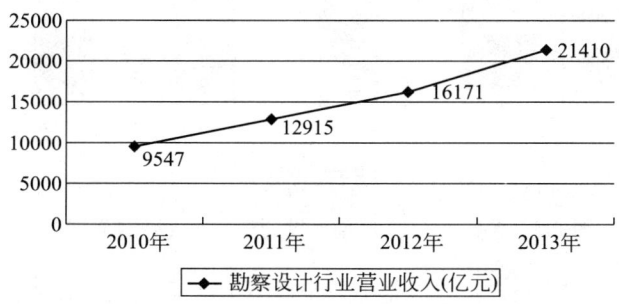

图 2-3 2010～2013 年勘察设计行业营业收入发展图示

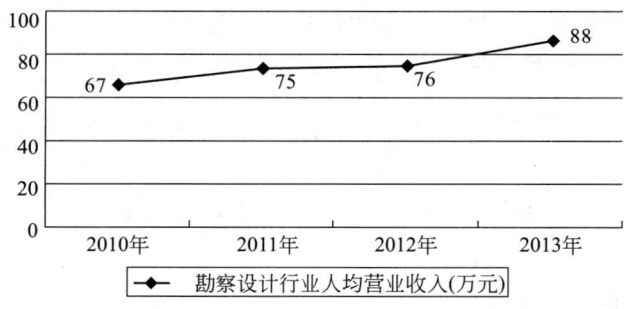

图 2-4 2010～2013 年勘察设计行业人均营业收入发展图示

**科技实力显著增强。**2013 年，勘察设计行业科技活动费用支出总额为 513.28 亿元，占营业收入的 2.40%；比上年增长 24.13%。企业累计拥有专利 58491 项，比上年增长 40.94%；企业累计拥有专有技术 23876 项，比上年增长 24.89%。

### （二）结构分析

**1. 所有制结构**

2013 年，全国共有勘察设计企业 19231 个，比上年增长 5.20%（图 2-5）。

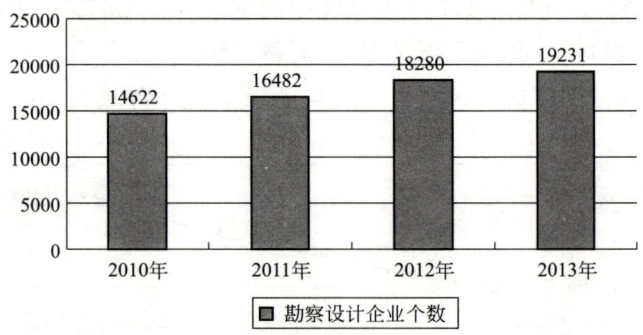

图 2-5　2010～2013 年勘察设计行业企业数量发展图示

内资企业 18962 个，占企业总数 98.60%，比上年增加 5.25%。其中：国有企业 3713 个，占内资企业总数的 19.58%，比上年减少 4.53%；私营企业 3488 个，占内资企业总数的 18.39%，比上年增加 7.99%；集体企业 270 个，占内资企业总数的 1.42%，比上年增加 3.85%；有限责任公司 9717 个，占内资企业总数的 51.24%，比上年增加 9.33%；股份有限公司 1206 个，占内资企业总数的 6.36%，比上年增加 5.51%。

港、澳、台商投资企业 128 个，占企业总数 0.67%。外商投资企业 141 个，占企业总数 0.73%。

**2. 企业资质结构**

（1）持有行业资质、专业资质企业情况

2013 年，甲级企业 3571 个，比上年增长 2.17%。乙级企业 4537

个,比上年增长 0.82%。丙级企业 3683 个,比上年增长 1.29%。

(2) 持有专项资质企业情况

2013 年,持有专项证书的企业 3735 个,比上年增长 1.16%。

(3) 工程勘察设计企业具体构成

工程勘察企业 1829 家,占勘察设计企业总数 9.51%。其中,勘察综合资质企业 215 家,专业甲级企业 495 家,综合资质和专业甲级资质企业占勘察企业总数的 38.82%。

工程设计企业 13888 家,占勘察设计企业总数 72.22%。其中,设计综合资质企业 55 家,甲级企业(行业、专业、专项)4257 家,乙级以下资质企业 9631 家。

工程设计施工一体化企业 3514 家,占勘察设计企业总数 18.27%(图 2-6)。

**3. 人员结构**

2013 年,勘察设计行业从业人员 244.42 万人,比上年增长 15.11%。专业技术人员 130.01 万人,占年末从业人员总数的 53.19%。其中,具有高级职称 30.52 万人,占年末从业人员总数的 12.49%;具有中级职称 48.65 万人,占年末从业人员总数的 19.90%(图 2-7)。

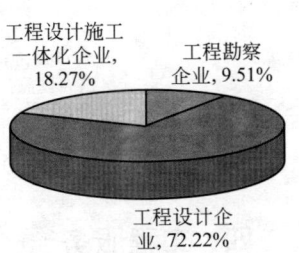

图 2-6 2013 年工程勘察设计企业构成图示

2013 年,勘察设计行业取得注册执业资格共 262068 人次,占年末从业人员总数的 10.72%,比上年增长 5.15%。

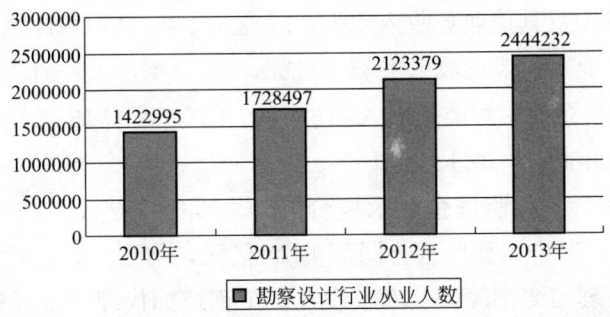

图 2-7 2010~2013 年勘察设计行业人员数量发展图示

**4. 业务结构**

2013年，工程勘察完成合同额合计714.14亿元，占合同总额的4.25%；工程设计完成合同额合计4047.59亿元，占合同总额的24.09%；工程技术管理服务完成合同额合计528.21亿元，占合同总额的3.14%；工程总承包完成合同额合计10645.41亿元，占合同总额的63.34%；境外工程完成合同额合计870.27亿元，占合同总额的5.18%（图2-8）。

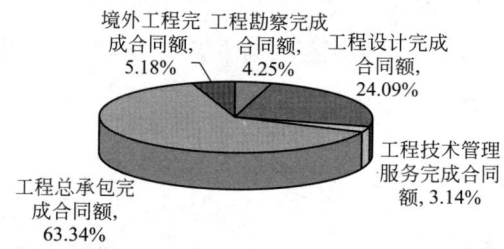

图2-8　2013年勘察设计完成各类合同额构成图示

## 四、工程服务

### （一）工程监理

**1. 规模分析**

2013年，工程监理企业全年营业收入2046.04亿元，与上年相比增长19.14%。其中工程监理收入885.87亿元，与上年相比增长17.65%；工程勘察设计、工程项目管理与咨询服务、工程招标代理、工程造价咨询及其他业务收入1160.17亿元，与上年相比增长20.3%。其中5个企业工程监理收入突破3亿元，31个企业工程监理收入超过2亿元，116个企业工程监理收入超过1亿元，工程监理收入过亿元的企业个数与上年相比，增长38.10%。

2013年，工程监理企业承揽合同额2423.01亿元，与上年相比增长32.68%。其中工程监理合同额1229亿元，与上年相比增长19.2%；工程项目管理与咨询服务、勘察设计、工程招标代理、工程造价咨询及其他业务合同额1194.01亿元，与上年相比增长50.18%。工程监理合同额占总业务量的 50.72%。

**2. 结构分析**

（1）业务结构

2013 年，在建设工程监理营业收入中，工程监理收入占总营业收入的 43.3%。

（2）企业结构

2013 年，建设工程监理企业按主营业务专业工程类别划分，房屋建筑工程监理企业所占比重最高，占 82.42%；其次是市政公用工程监理企业，占 6.23%。建设工程监理企业按工商登记类型划分，有限责任所占比重最高，占 51.55%；其次是私营企业，占 27.55%；再次是股份有限，占 9.57%。

（3）人员结构

2013 年，工程监理企业从业人员 890620 人，与上年相比增长 8.34%。其中，正式聘用人员 694319 人，占年末从业人员总数的 77.96%；临时聘用人员 196301 人，占年末从业人员总数的 22%；工程监理从业人员为 671336 人，占年末从业总数的 75.38%。

2013 年，工程监理企业专业技术人员 792609 人，与上年相比增长 8.62%。其中，高级职称人员 118991 人，中级职称人员 353867 人，初级职称人员 201353 人，其他人员 118398 人。专业技术人员占年末从业人员总数的 89%。

2013 年，工程监理企业注册执业人员为 184982 人，与上年相比增长 7.61%。其中，注册监理工程师为 127248 人，与上年相比增长 7.52%，占总注册人数的 68.8%；其他注册执业人员为 57734 人，占总注册人数的 31.21%。

## （二）工程招标代理

**1. 规模分析**

2013 年，工程招标代理机构的营业收入总额为 2436.62 亿元，比上年增长 12.11%。其中，工程招标代理收入 215.87 亿元，工程监理收入 308.08 亿元，工程造价咨询收入 195.15 亿元，工程项目管理与咨询服务收入95.87亿元,其他收入1621.65亿元。

2013年,工程招标代理机构工程招标代理中标金额70014.06亿元,比上年下降23.78%。其中,房屋建筑和市政基础设施工程招标代理中标金额57273.45亿元,占工程招标代理中标金额的81.8%;招标人为政府和国有企事业单位工程招标代理中标金额46017.77亿元,占工程招标代理中标金额的65.73%。

2013年,工程招标代理机构承揽合同约定酬金合计1238.75亿元,比上年增长27.61%。其中,工程招标代理承揽合同约定酬金为192.87亿元,占总承揽合同约定酬金的15.57%;工程监理承揽合同约定酬金为322.30亿元;工程造价咨询承揽合同约定酬金为137.29亿元;项目管理与咨询服务承揽合同约定酬金为95.18亿元;其他业务承揽合同约定酬金为491.11亿元。

**2. 结构分析**

(1) 业务结构

2013年,在工程招标代理机构的营业收入中,工程招标代理收入占营业收入总额的8.86%,工程监理收入占12.64%,工程造价咨询收入占8.01%,工程项目管理与咨询服务收入占3.93%,其他收入占66.56%(图2-9)。

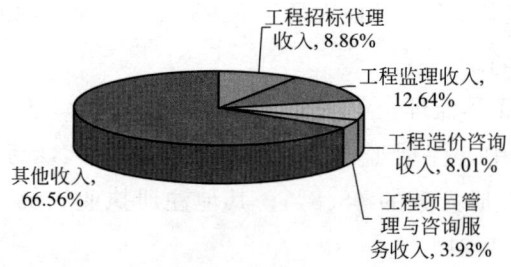

图2-9  2013年工程招标代理机构营业收入构成图示

(2) 企业结构

2013年度参加统计的全国工程招标代理机构共5731个。

按照资格等级划分,甲级机构1480个,乙级机构2898个,暂定级机构1353个。

按照企业登记注册类型划分，国有企业和国有独资公司共246个，股份有限公司和其他有限责任公司共3035个，私营企业2318个，港澳台投资企业8个，外商投资企业4个，其他企业120个。

（3）人员结构

2013年，工程招标代理机构从业人员合计485771人，比上年增长9.05%。其中，正式聘用人员435176人，占年末从业人员总数的89.58%；临时工作人员50595人，占年末从业人员总数的10.42%。

2013年，工程招标代理机构正式聘用人员中专业技术人员合计387215人，比上年增长10.29%。其中，高级职称人员66532人，中级职称180481人，初级职称90725人，其他人员49477人。专业技术人员占年末正式聘用人员总数的88.98%。

2013年，工程招标代理机构正式聘用人员中注册执业人员合计93874人，比上年增长8.82%。其中，注册造价工程师46337人，占总注册人数的49.36%；注册建筑师842人，占总注册人数的0.90%；注册工程师3832人，占总注册人数的4.08%；注册建造师9702人，占总注册人数的10.34%；注册监理工程师31514人，占总注册人数的33.57%；其他注册执业人员1647人，占总注册人数的1.75%。从统计报表情况看，92.48%的工程招标代理机构的注册造价工程师数量能够满足企业资格标准要求，其中，96.89%的甲级工程招标代理机构的注册造价工程师数量能够满足企业资格标准要求。

### （三）工程造价咨询服务

**1. 规模分析**

2013年，工程造价咨询企业的营业收入为995.42亿元，比上年增长28.2%。其中工程造价咨询业务收入419.6亿元，增长19.3%，占42.2%；招标代理业务收入占10.2%；建设工程监理业务收入占19.0%；项目管理业务收入占18.0%；工程咨询业务收入占10.6%。

**2. 结构分析**

（1）业务结构

在工程造价咨询业务收入中，按所涉及专业划分，房屋建筑工程专业收入249.75亿元,占全部工程造价咨询业务收入比例为59.52%;市政工程专业收入57.62亿元,占13.73%;公路工程专业收入18.2亿元,占4.34%;火电工程专业收入12.40亿,占3.00%;水利工程专业收入8.25亿元,占1.97%;其他各专业收入合计73.34亿元,占17.44%(图2-10)。

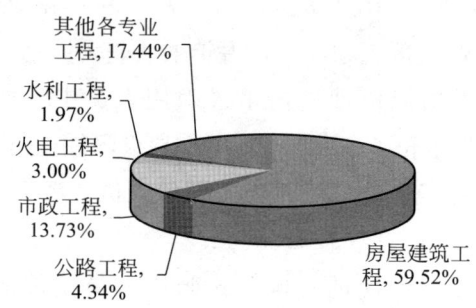

图2-10 2013年工程造价咨询企业业务收入分布图示(按专业划分)

按工程建设的阶段划分,前期决策阶段咨询业务收入为42.65亿元、实施阶段咨询业务收入106.94亿元、结算审核阶段咨询业务收入153.89亿元、全过程工程造价咨询业务收入100.83亿元、工程造价经济纠纷的鉴定和仲裁的咨询业务收入5.61亿元,各类业务收入占工程造价咨询业务收入比例分别为10.16%、25.49%、36.68%、24.03%和1.34%。此外,其他工程造价咨询业务收入9.65亿元,占2.30%。

(2)企业结构

2013年,全国共有6794家工程造价咨询企业参加了统计,比上年增长2.5%。其中,甲级工程造价咨询企业2485家,增长11.2%;乙级工程造价咨询企业4309家,减少2.0%。专营工程造价咨询企业2131家,减少6.2%;兼营工程造价咨询企业4663家,增长7.0%。

(3)人员结构

2013年,工程造价咨询企业从业人员334543人,比上年增长15.1%。其中,正式聘用员工303716人,占年末从业人员总数的90.79%;临时聘用人员30827人,占年末从业人员总数的9.21%。

2013年，工程造价咨询企业中共有注册造价工程师65635人，比上年增长5.9%，占全部造价咨询企业从业人员的19.62%；造价员94473人，比上年增长10.8%，占全部造价咨询企业从业人员的28.24%。

2013年，工程造价咨询企业共有专业技术人员合计233592人，比上年增长6.7%，占年末从业人员总数的69.82%。其中，高级职称人员49111人，中级职称人员124219人，初级职称人员60262人，各级别职称人员占专业技术人员比例分别为21.02%、53.18%、25.80%。

### 五、对外承包工程

2013年，全球经济发展步履蹒跚，国际工程市场竞争程度不断加剧，我国对外承包工程仍保持良好增长态势。一是业务规模稳中有升，市场开拓成效明显。2013年，对外承包工程业务完成营业额1371亿美元，比上年增长17.6%；新签合同额1716.3亿美元，比上年增长9.6%。除在亚、非传统市场业务规模保持稳定增长外，新市场开拓也取得一定成效。2013年，我国企业在欧洲新签合同额达到114.3亿美元，同比增长31.8%；在拉丁美洲新签合同额达到182.2亿美元，同比增长25%，业务也进一步拓展到巴西、智利、墨西哥等国市场，项目涉及石油化工、基础设施、港口建设等更广阔的领域。二是项目模式更加丰富，投融资方式不断增多。我国企业承揽工程项目的方式从传统的分包、施工总承包向更丰富的模式转变，或从承揽单一工程承包项目向运作集区域规划、勘探设计、管理咨询、运营维护于一体的大型综合性项目迈进。2013年，承包工程企业参与中高端(BOT、PPP、EPC和DB)项目的投标(议标)共926次，涉及金额2689.1亿美元，分别占总量的33.45%和60%，较上年同期明显提高。我国企业在积极承揽BOT、PPP等特许经营类的项目之外，还与金融机构合作开展带资承包模式的业务；在多个国家实施与工程相关的投资项目，涉及基础设施、能源开发、物流运输、农业合作和房地产等领域。三是大型企业实力增强，部分行业技术水平国际领先。2013年我国有55家内地企业入选ENR250强国际承包商榜单，平均营业额达到12.2亿美元，比上年增长了6.38%。我国企业整体排名有所提高,部分企业业务增长迅速。ENR国际业务统计数据还显示,我国大型企业在电力、水利、工业等领域成绩突出,其中水利领域全球业绩前十位的承包商中我国企业占据3席,电力领域多达4席。在高铁、电信、风电、核电等领域,我国企业也因技术能力和经验获得了国际市场的青睐。

### 六、安全形势

**安全生产形势总体平稳可控。** 2013年,全国房屋市政工程安全生产形势总体平稳可控,较大事故起数和死亡人数有所下降,全面遏止了重大及以上事故发生;有12个地区的事故起数和死亡人数同比下降;有16个地区没有发生较大及以上事故。

2013年,全国共发生房屋市政工程生产安全较大事故25起、死亡102人,分别比上年同期事故起数减少4起、死亡人数减少19人,同比分别下降13.79%和15.70%;未发生重大及以上事故。

2013年,全国有16个地区发生房屋市政工程生产安全较大事故,其中江苏、福建各发生3起,黑龙江、江西、湖北、四川、云南各发生2起,山西、吉林、上海、安徽、河南、湖南、陕西、青海、新疆各发生1起。

**高处坠落、坍塌、物体打击、起重伤害等是事故主要类型。** 2013年,房屋市政工程生产安全事故按照类型划分,高处坠落事故294起,占总数的55.7%;坍塌事故84起,占总数的15.9%;物体打击事故66起,占总数的12.5%;起重伤害事故42起,占总数的7.95%;机具伤害、触电、中毒和窒息、车辆伤害等其他事故42起,占总数的7.95%。

2013年共发生25起较大事故,其中模板支撑体系坍塌事故13起,死亡54人,分别占较大事故总数的52.0%和53.0%;起重机械事故9起,死亡35人,分别占较大事故总数的36.0%和34.3%;其他坍塌事故2起,死亡10人,分别占较大事故总数的8.0%和9.8%;高处坠落事故1起,死亡3人,分别占较大事故总数的4.0%和2.9%。

**安全生产形势依然比较严峻。** 2013年,事故起数和死亡人数出现反弹，全国共发生房屋市政工程生产安全事故 528 起、死亡 674 人，比上年同期事故起数增加 41 起、死亡人数增加 50 人，同比分别上升 8.42％和 8.01％。大部分地区的事故起数同比上升，特别是广西(起数上升 107.1％、人数上升 114.3％)、辽宁(起数上升 100.0％、人数上升 55.6％)、甘肃(起数上升 90.0％、人数上升 64.3％)、河南(起数上升 60.0％、人数上升 9.5％)、黑龙江(起数上升 42.1％、人数上升 78.9％)、新疆(起数上升 41.7％、人数上升 23.5％)、山西(起数上升 40.0％、人数上升 27.3％)、江苏(起数上升 33.3％、人数上升 43.9％)、吉林(起数上升 33.3％、人数上升 17.4％)等地区上升幅度较大。模板坍塌和起重机械较大事故共 22 起，占较大事故起数的 88.0％，仍是房屋市政工程重大危险源，需要继续高度重视。

# 第三章 建筑业发展面临的机遇和挑战

## 一、建筑业发展面临的机遇

### (一)新型城镇化提供新的机遇与广阔空间

2014年3月16日,《国家新型城镇化规划(2014—2020年)》公布。《规划》按照走中国特色新型城镇化道路、全面提高城镇化质量的新要求,明确未来城镇化的发展路径、主要目标和战略任务,统筹相关领域制度和政策创新,是指导全国城镇化健康发展的宏观性、战略性、基础性规划。《规划》提出了城镇化发展目标:城镇化水平和质量稳步提升。城镇化健康有序发展,常住人口城镇化率达到60%左右,户籍人口城镇化率达到45%左右,户籍人口城镇化率与常住人口城镇化率差距缩小2个百分点左右,努力实现1亿左右农业转移人口和其他常住人口在城镇落户。

新型城镇化建设作为国家现代化建设的战略任务,是今后相当长时期扩大内需的最大潜力所在,将拉动新一轮投资热潮。随着我国城镇化水平的持续提高,大、中、小城市建设将需要修建铁路、公路等交通设施以及电力、燃气、自来水和污水处理等基础设施,这意味着将创造大量的投资需求和就业机会。同时,亿万农民通过转移就业提高收入,通过转为市民享受更好的公共服务,从而使城镇消费群体不断扩大、消费结构不断升级、消费潜力不断释放,这也会带来城市基础设施、公共服务设施和住宅建设等巨大投资需求,为经济发展提供持续的动力,给建筑行业带来新一轮发展机遇。

### (二)交通基础设施仍处于大规模建设期

2013年8月16日,《国务院关于改革铁路投融资体制加快推进铁路建设的意见》发布。《意见》提出，按照"统筹规划、多元投资、市场运作、政策配套"的基本思路，完善铁路发展规划，全面开放铁路建设市场，对新建铁路实行分类投资建设。向地方政府和社会资本放开城际铁路、市域（郊）铁路、资源开发性铁路和支线铁路的所有权、经营权，鼓励社会资本投资建设铁路。研究设立铁路发展基金，以中央财政性资金为引导，吸引社会法人投入。铁路发展基金主要投资国家规定的项目，社会法人不直接参与铁路建设、经营，但保证其获取稳定合理回报。"十二五"后三年，继续发行政府支持的铁路建设债券，并创新铁路债券发行品种和方式。

2013年，《国家公路网规划（2013年—2030年）》发布。国家公路网规划的目标是：形成"布局合理、功能完善、覆盖广泛、安全可靠"的国家干线公路网络，实现首都辐射省会、省际多路连通，地市高速通达、县县国道覆盖。1000km以内的省会间可当日到达，东中部地区省会到地市可当日往返、西部地区省会到地市可当日到达；区域中心城市、重要经济区、城市群内外交通联系密切，形成多中心放射的路网格局；沿边、沿海公路连续贯通，形成环绕我国大陆的沿边沿海普通国道路线；有效连接国家陆路门户城市和重要边境口岸，形成重要国际运输通道，与东北亚、中亚、南亚、东南亚的联系更加便捷。其中：普通国道全面连接县级及以上行政区、交通枢纽、边境口岸和国防设施。国家高速公路全面连接地级行政中心，城镇人口超过20万的中等及以上城市，重要交通枢纽和重要边境口岸。

国家公路网规划方案由普通国道和国家高速公路两个路网层次构成，总规模约40万km。其中：普通国道网按照"主体保留、局部优化、扩大覆盖、完善网络"的思路，保留原国道网的主体，优化路线走向，恢复被高速公路占用的普通国道路段，补充连接地级行政中心和县级节点、重要的交通枢纽、物流节点城市和边境口岸，增加可有效提高路网运行效率和应急保障能力的部分路线，增设沿边沿海路线，维持普通国道网相对独立。调整后的普通国道由12条首都放射线、47条北南纵线、60条东西横线和81条联络线组成，总规模约26.5万km。国家高速公路网按照"实现有效连接、提升通道能力、强化区际联系、优化路网衔接"的思路，保持原国家高速公路网规划总体框架基本不变，补充连接新增20万以上城镇人口城市、地级行政中心、重要港口和重要国际运输通道，在运输繁忙的通道上布设平行路线，增设区际、省际通道和重要城际通道，适当增加有效提高路网运输效率的联络线。调整后的国家高速公路由7条首都放射线、11条北南纵线、18条东西横线，以及地区环线、并行线、联络线等组成，约11.8万km；另规划远期展望线1.8万km，远期展望线路线主要位于西部地广人稀的地区。

2013年3月，国家发展改革委员会印发《促进综合交通枢纽发展的指导意见》。

> 《促进综合交通枢纽发展的指导意见》（摘要）
> **加强以客运为主的枢纽一体化衔接**
> 根据城市空间形态、旅客出行等特征，合理布局不同层次、不同功能的客运枢纽。按照"零距离换乘"的要求，将城市轨道交通、地面公共交通、市郊铁路、私人交通等设施与干线铁路、城际铁路、干线公路、机场等紧密衔接，建立主要单体枢纽之间的快速直接连接，使各种运输方式有机衔接。鼓励采取开放式、立体化方式建设枢纽，尽可能实现同站换乘，优化换乘流程，缩短换乘距离。
>
> 高速铁路、城际铁路和市郊铁路应尽可能在城市中心城区设站，并同站建设城市轨道交通、有轨电车、公共汽(电)车等城市公共交通设施。视需要同站建设长途汽车站、城市航站楼等设施。特大城市的主要铁路客运站，应充分考虑中长途旅客中转换乘功能。
>
> 民用运输机场应尽可能连接城际铁路或市郊铁路、高速铁路，并同站建设城市公共交通设施。具备条件的城市，应同站连接城市轨道交通或做好预留。视需要同站建设长途汽车站等换乘设施。有条件的鼓励建设城市航站楼。
>
> 公路客运站应同站建设城市公共交通设施，视需要和可能同站建设城市轨道交通。
>
> 港口客运、邮轮码头应同站建设连接城市中心城区的公共交通设施。

**完善以货运为主的枢纽集疏运功能**

统筹货运枢纽与产业园区、物流园区等的空间布局。按照货运"无缝化衔接"的要求，强化货运枢纽的集疏运功能，提高货物换装的便捷性、兼容性和安全性，降低物流成本。

铁路货运站应建设布局合理、能力匹配、衔接顺畅的公路集疏运网络，并同站建设铁路与公路的换装设施。

港口应重点加强铁路集疏运设施建设，大幅提高铁路集疏运比重；积极发展内河集疏运设施。集装箱干线港应配套建设疏港铁路和高速公路，滚装码头应建设与之相连的高等级公路。

民用运输机场应同步建设高等级公路及货运设施。强化大型机场内部客货分设的货运通道建设。

公路货运站应配套建设能力匹配的集疏运公路系统，切实发挥公路货运站功能。

我国城市轨道交通建设投资也再掀热潮，未来几年投资将保持大幅增长。

据国家发改委统计，目前获批轨道交通建设规划的城市已达36个，2014年全国城市轨道交通投资将达到2200亿元，比上年增加400亿元。

截至2013年年底，我国有19个城市拥有地铁，总里程达到2366km，预计到2020年全国拥有轨道交通的城市将达到50个，轨道交通将达到近6000km的规模，在轨道交通方面的投资将达4万亿元，未来几年城市轨道交通的投资将保持大幅增长。

根据各地披露的时间表来看，2014年地铁建设正在掀起高潮。3月28日，兰州地铁1号线一期工程全线开建；乌鲁木齐地铁1号线4月底全面开建；长春地铁2号线5月全面开工；重庆今年新开工轨道交通大学城——璧山段；太原市轨道交通2号线一期工程初步设计方案已通过专家评审，将于年底全线开工；宁波轨道交通2号线二期开工在即；郑州市今年开工的地铁项目最多，分别是郑州地铁1号线二期工程、郑州地铁2、3号线一期工程和郑州地铁5号线工程。

2013年5月，《国务院关于取消和下放行政审批项目等事项的决定》发布，明确城市轨道交通项目由省级投资主管部门按照国家批准的规划核准。这激发了一些三线城市建设轨道交通项目的积极性。以四川为例，审批权下放后，包括绵阳、南充、宜宾、泸州等城市都做了各自的轨道交通建设设想。另外，南通、唐山、洛阳、烟台、包头、呼和浩特等城市也正积极准备上马城市轨道交通项目。（张彬）

### （三）民生工程建设加快推进

我国政府出台政策加快棚户区改造、加强城市基础设施建设、推进城区老工业区搬迁改造及改善农村人居环境，将使建筑业迎来新一轮的发展机遇。

2013年7月4日，《国务院关于加快棚户区改造工作的意见》（国发〔2013〕25号）提出，适应城镇化发展的需要，以改善群众住房条件作为出发点和落脚点，加快推进各类棚户区改造，重点推进资源枯竭型城市及独立工矿棚户区、三线企业集中地区的棚户区改造，稳步实施城中村改造。2013年至2017年改造各类棚户区1000万户，使居民住房条件明显改善，基础设施和公共服务设施建设水平不断提高。

2013年9月6日，《国务院关于加强城市基础设施建设的意见》（国发〔2013〕36号）提出，坚持先地下、后地上，优先加强供水、供气、供热、电力、通信、公共交通、物流配送、防灾避险等与民生密切相关的基础设施建设，加强老旧基础设施改造。保障城市基础设施和公共服务设施供给，提高设施水平和服务质量，满足居民基本生活需求。要围绕改善民生、保障城市安全、投资拉动效应明显的重点领域，加快城市基础设施转型升级，全面提升城市基础设施水平。

2014年3月11日，《国务院办公厅关于推进城区老工业区搬迁改造的指导意见》提出，以城区老工业区产业重构、城市功能完善、生态环境修复和民生改善为着力点，与加快棚户区改造和加强城市基础设施建设相结合，统筹推进企业搬迁改造和新产业培育发展，破解城市内部二元结构，力争到2022年基本完成城区老工业区搬迁改造任务，把城区老工业区建设成为经济繁荣、功能完善、生态宜居的现代化城区。《指导意见》还将完善城市基础设施和公共服务设施作为推进城区老工业区搬迁改造的主要任务。《指导意见》要求，坚持先地下、后地上的原则，加强供水、燃气、供热管网建设和老旧管网改造，建设雨污分流排水系统，完善污水和垃圾收集处理设施，有条件的地区要建设地下综合管廊。优化城市道路交通系统，加强路网衔接连通。加大消防、防洪、排水防涝等基础设施建设和改造力度，提高防灾减灾和应对突发事件能力。完善信息基础设施，应用先进信息技术提高城市管理水平，积极稳妥推进智慧城市建设。根据常住人口数量与结构变化，优化中小学、幼儿园、图书馆、博物馆、体育场馆、医疗卫生机构等公共服务设施布局。大力发展绿色建筑，对既有建筑加强节能改造，对新建建筑严格按照节能建筑要求进行设计、施工和验收。保障政府投入，加强非经营性基础设施建设。允许社会资本通过特许经营等方式参与城市基础设施投资和运营。

2014年5月29日，《国务院办公厅关于改善农村人居环境的指导意见》提出，到2020年，全国农村居民住房、饮水和出行等基本生活条件明显改善，人居环境基本实现干净、整洁、便捷，建成一批各具特色的美丽宜居村庄。《指导意见》要求，加快推进农村危房改造，到2020年基本完成现有危房改造任务，建立健全农村基本住房安全保障长效机制。加强农房建设质量安全监管，做好农村建筑工匠培训和管理，落实农房抗震安全基本要求，提升农房节能性能。继续推进农村饮水安全工程，因地制宜推行城乡区域供水，完成全国农村饮水安全工程"十二五"规划任务。实施村内道路硬化工程，基本解决村民行路难问题。大力推进水电新农村电气化县建设，实施新一轮农村电网升级改造工程，促进可再生能源供电，全面解决不通电农村居民用电问题。加强地质灾害防治，完善消防、防洪等防灾减灾设施。加快农村环境综合整治，重点治理农村垃圾和污水。推行县域农村垃圾和污水治理的统一规划、统一建设、统一管理,有条件的地方推进城镇垃圾污水处理设施和服务向农村延伸。

2014年5月21日,国务院总理李克强主持召开国务院常务会议,部署加快推进节水供水重大水利工程建设。会议认为,当前我国推进新"四化"和生态文明建设,对水资源支撑保障能力提出了更高要求,但水利设施薄弱仍是明显掣肘。在继续抓好中小型水利设施建设的同时,集中力量有序推进一批全局性、战略性节水供水重大水利工程,特别是在中西部严重缺水地区建设一批重大调水和饮水安全工程、大型水库和节水灌溉骨干渠网,十分紧迫和必要。会议确定,按照统筹谋划、突出重点的要求,在今明年和"十三五"期间分步建设纳入规划的172项重大水利工程。工程建成后,将实现新增年供水能力800亿$m^3$和农业节水能力260亿$m^3$、增加灌溉面积7800多万亩,使我国骨干水利设施体系显著加强。一要推进重大农业节水工程,突出抓好重点灌区节水改造和严重缺水、生态脆弱地区及粮食主产区节水灌溉工程建设。二要加快实施重大引调水工程,强化节水优先、环保治污、提效控需,统筹做好调出调入区域、重要经济区和城市群用水保障。三要建设重点水源工程,增强城乡供水和应急能力。四要实施江河湖泊治理骨干工程,综合考虑防洪、供水、航运、生态保护等要求,提高抵御洪涝灾害能力。五要开展大型灌区建设工程。坚持高标准规划,在东北平原、长江上中游等水土资源条件较好地区新建节水型、生态型灌区。

### (四) 地方投资拉动经济增长势头依然强劲

2013～2014年,地方投资政策频现,多省市出台或部署下一阶段投资重点,通过投资拉动经济增长,加强基础设施建设。

2013年4月7日,广东省人民政府印发《加快推进全省重要基础设施建设工作方案》(2013—2015年)。《工作方案》提出,"十二五"后三年,加快推进以粤东西北地区交通基础设施为重点的重要基础设施八大工程(公路建设工程、铁路建设工程、机场建设工程、港航建设工程、城市建设工程、能源建设工程、水利建设工程、环保建设工程)、21大项共460个项目建设,总投资约2.95万亿元,后三年完成投资约

1.41万亿元。其中，续建202个项目，后三年投资8000亿元；新开工258个项目，后三年投资6100亿元；计划建成投产294个项目。

2014年1月18日，陕西省政府印发《陕西省人民政府关于加强城市基础设施建设的实施意见》。《实施意见》提出，以西安国际化大都市为核心，以10个中心城市、杨凌示范区、西咸新区和83个县城(市)及重点示范镇、文化旅游名镇为重点，明确目标任务，提升城市基础设施建设水平和质量，努力创建生态、绿色、宜居城市。在城市基础设施建设投入、规模、管理和质量上有大幅提升，力争到2017年全省城市基础设施建设投资占全社会固定资产投资比重达到25%，加快构建适度超前、功能完善、管理科学、安全高效的现代化城市基础设施体系。大力推进大西安城市轨道交通建设，加快西安地铁1号线延伸段，3、4、5、6号线以及临潼市域轨道交通建设。推进城市群内主要城市之间的快速铁路建设，加快西安北客站-咸阳机场、西安-富平-铜川等关中城际铁路建设，形成覆盖西安、咸阳、铜川以及西咸新区的城市轨道交通主骨架。到2015年，西安市建成90km的地铁运营线路。到2017年，西安地铁运营总里程达到126km，日均客流量超过150万人次。支持西安增开欧亚国际客货运航线，打造丝绸之路经济带新起点空中走廊。

2014年1月25日，福建省人民政府办公厅印发《城乡基础设施提升行动计划实施方案》(2014—2015年)。

**福建省《城乡基础设施提升行动计划实施方案》(2014—2015年)摘要**

一、交通提升工程

2014—2015年力争完成投资1850亿元。至2015年，全省基本形成网络更加衔接配套、技术装备更加先进实用、运输服务更加安全高效的综合交通运输体系，基本建成"三纵八横"高速公路网，高速公路通车里程突破5000km；普通公路网通车里程突破10万km，实现县县通高速、镇镇有干线、村村通客车；加快推进"三纵六横"铁路网主框架，铁路通车里程3300km，其中快速铁路突破1500km；加快建设海西港口群，沿海港口货物吞吐量突破5亿t，集装箱吞吐量力争达1500万标箱;形成以福州、厦门国际机场为主的干支结合的空港布局,民航旅客吞吐量力争突破3800万人次。

## 二、能源提升工程

2014—2015年力争完成投资1140亿元。至2015年,全省能源结构和布局不断优化,能源利用效率进一步提高,能源供应保障能力显著增强,形成以500千伏超高压为主干,各级电网协调发展、结构合理、技术先进、经济高效的海西智能电网,农网供电可靠率达99.75%;煤电、核电、风电、抽蓄电站等重点电源建设有序推进,发电总装机容量达5200万千瓦,清洁能源比重提高到47.8%;90%县区用上天然气。

## 三、市政提升工程

2014—2015年力争完成投资2480亿元。至2015年,建成和在建城市(际)轨道交通里程约200km;城市道路突破12800km;城市排水防涝能力明显提升,福州、厦门中心城区能有效应对不低于50年一遇的暴雨,其他设区市中心城区能有效应对不低于30年一遇以上,县级城市中心城区能有效应对不低于20年一遇以上;全省城市供水能力达920万t/日,设市城市公共供水普及率达95%以上、县城达90%以上。

## 四、水利提升工程

2014—2015年确保完成投资326亿元,力争完成353亿元(其中重大水利工程285亿元)。至2015年,防洪(潮)标准省会城市城区达到200年一遇,其他设区市城区达到50～100年一遇,县级城区达到20～50年一遇,重点乡镇达到10～20年一遇;基本建成一批重大引调水、大中型水库项目;全面完成规划内病险水库除险加固、中小河流治理、农村饮水安全等建设任务。

## 五、信息提升工程

2014—2015年力争完成投资140亿元。至2015年,全省城市、农村宽带接入能力分别超 20Mbps 和 4Mbps；基本建成全省电子政务公共平台，全面实现城市数字化管理；初步建成智慧城市基础平台，重点领域核心环节初步实现智慧化应用，智慧化应用覆盖率达到 20%，"数字福建"建设水平显著提升。

六、环保提升工程

2014—2015 年力争完成投资 600 亿元。至 2015 年，全省城乡环境保护质量有效提升，基本形成覆盖全面、指标完整的环境空气质量和地表水自动监测网络；城镇生活污水处理能力达 566 万 t/日，市县生活污水处理率达 85% 以上；生活垃圾处理能力达 3.72 万 t/日，生活垃圾无害化处理率达 95% 以上；"十二五"期间累计治理水土流失 1100 万亩，完成植树造林绿化 39.87 万公顷。

## （五）国际基础设施建设市场仍将保持旺盛需求

当前，世界经济正处于深度调整期，世界银行调高了高收入国家经济增长预期，经济复苏迹象明显。许多国家不约而同地选择扩大基础设施建设投资刺激经济增长，发展规划中都包含庞大的基建计划，特别是我国对外承包工程传统市场的建筑业将保持高速增长，这将为我国企业提供较长期的市场发展机会。党的十八届三中全会精神为对外投资合作企业的发展带来新的机遇。《中共中央关于全面深化改革若干重大问题的决定》提出，扩大企业及个人对外投资，确立企业及个人对外投资主体地位，允许发挥自身优势到境外开展投资合作，允许自担风险到各国各地区自由承揽工程和劳务合作项目，允许创新方式走出去开展绿地投资、并购投资、证券投资、联合投资等。"三个允许"使企业拥有更多的投资和经营自主权，针对"走出去"的政策支持和服务保障体系也将更加完善。同时，我国同有关国家的多、双边合作规模继续扩大，政府将加快同周边国家基础设施"互联互通"进程，推动"丝绸之路经济带"的发展，会进一步带动企业对外投资合作业务的发展。

## 二、建筑业发展面临的挑战

### (一)新型城镇化建设对建筑业发展提出更高要求

新型城镇化是以城乡统筹、城乡一体、产城互动、节约集约、生态宜居、和谐发展为基本特征的城镇化,新型城镇化对建筑产品品质及产业素质提出了更高的要求,建筑业急需转型升级来应对新型城镇化带来的挑战。改变传统发展模式,寻求可持续发展之路,是新型城镇化建设对建筑业的必然要求,也是建筑业未来发展的大趋势。

### (二)工程建设市场呼唤投融资体制创新

目前,一些建筑企业将建造能力与资本运作能力结合,拓展业务范围,打开利润空间,提升产业层次,使企业发展空间扩大,经营层次提高,盈利模式得到根本性提升,企业从施工承包商向工程开发建造商转变。城镇化建设中的市政、交通等基础设施项目,未来可能更多的将采取 BT、BOT 模式进行项目投资建设,企业业务开拓对资金的需求量增加,资金运作能力对企业发展至关重要,资本在企业发展中的影响力也将越来越大,而融资难造成企业资金紧张,亟需加大对企业投融资的支持力度。

### (三)企业经营风险不断加大

今后一段时期,外部环境的不确定性加大,不可控因素增加,使企业面临的经营风险不断加大。世界经济复苏道路曲折,我国经济进入战略转型期,经济增速放缓,经济下行压力增大。受劳动力成本持续上升、原材料价格上涨、节能环保要求提高、市场竞争加剧等因素影响,企业降本增效面临的压力进一步加大。

### (四)国际市场竞争更趋复杂激烈

我国企业面临的国际市场竞争压力增大。一方面,国际市场风险因素上升,我国人员和资产的境外安全风险仍然是困扰企业海外发展的问题之一。部分地区政局不稳，社会动荡，增加了企业拓展国际业务的难度。与此同时，国际投资与贸易保护主义依然存在，大部分国家对建筑业的开放都附加一些限制措施。另一方面，欧美大型国际承包商及日韩等国积极调整业务布局，加强了国际业务的开拓，表现趋于活跃，我国企业在投融资渠道和资金成本方面几乎没有优势可言，与国际大承包商强大的融资及资本运营能力相比，我国对外承包工程企业的资产总规模偏小，资产负债率较高，导致其融资能力有限，融资渠道较为单一。

# 第四章　信息化与建筑业发展

## 一、建筑业信息化发展概述

党的十八大报告中明确提出"坚持走中国特色新型工业化、信息化、城镇化、农业现代化道路，推动信息化和工业化深度融合"。报告突出强调了信息化在经济发展中的重要战略地位，把它作为完善社会主义市场经济体制和转变经济发展方式的主要道路和主要发展方式。由此可以看出，信息化不仅仅是信息技术的应用，更为重要的是它已经成为经济发展的路径和重要组成部分，与工业化、城镇化和农业现代化将同步发展。

### （一）建筑业信息化发展取得的成效

建筑业作为传统产业，改造与提升的任务十分艰巨。信息化建设是推动建筑业转变发展方式的重要基础，也是施工企业提高竞争力、整合现有信息资源的有效手段。

为更好发挥信息化对建筑业发展的推动作用，通过统筹规划、政策导向，进一步加强建筑企业信息化建设，不断提高信息技术应用水平，促进建筑业技术进步和管理水平提升，国家在"十五"、"十一五"、"十二五"期间陆续发布了建筑业信息化发展相关的政策、制度。

2004年7月，国家科技部确立"建筑业信息化关键技术研究"为国家"十五"科技攻关项目，"建筑业信息化关键技术研究与应用"为国家"十一五"国家科技支撑重点项目，组织了一大批相关领域的专家学者集中研究建筑业信息化进程的关键原理、管理方法和核心技术，进而推动建筑业走向信息化发展的道路。住房和城乡建设部（原建设部）先后发布了《建设领域信息化工作基本要点》、《2003—2008年全国建筑业信息化发展规划纲要》、《2011—2015年建筑业信息化发展纲要》等纲领性文件，指导从业机构与人员进行建筑业信息化建设。

在政策倡导和企业实践的环境下，建筑业信息化的发展初步取得了显著的成效。

1. 生产作业层的工具软件广泛应用于建筑行业，大大提高了建筑业的工作效率，降低了建筑业基础成本。20世纪80年代，我国住房和城乡建设领域率先在工程设计中推广使用计算机，至2000年基本实现了"甩掉图板"。随后，经过"十五"、"十一五"、"十二五"，CAD软件、概预算软件、工程算量软件、结构计算软件、网络计划软件、施工安全软件、施工资料软件、BIM软件等一大批工具软件在设计、施工以及各专业领域得到广泛应用，显著提高了工作效率和工作质量，并在一定程度上提高了企业的管理水平。

2. 建筑业电子政务信息化建设取得成效。"十五"期间针对建筑企业信息化水平普遍低下，提出信息化从电子政务先行，同时针对信息化应用进行科学研究。一方面，先后开通了全国建筑市场监管、全国城市规划监管、全国住房公积金监管、全国住房信息系统、电子招投标等一大批基础性电子政务系统。另一方面，中国建造师网、建筑企业信用信息管理平台等一大批建筑从业机构、人员基础管理软件系统的使用使得我国建筑市场更加有序透明。

3. 建筑企业信息化建设稳步推进。2007年建设部《施工总承包企业特级资质标准》（建市［2007］72号）将施工企业信息化列入了施工特级资质企业申报的必备条件。在政府的大力推动和企业自身提升核心竞争力的原动力需求下，越来越多的建筑业企业开始了全面信息化建设。各施工企业为了确保在将来激烈的市场竞争中的参与权和竞争优势地位，都开始在企业信息化管理中积极投入，希望可以在短时间内完成企业的信息化改造，借助于信息化的管理手段切实提高企业的管理效率和管理水平，最终达到提升企业竞争能力的目的。OA系统、企业信息门户、综合项目管理系统、人力资源系统、档案系统、财务系统等逐步在以施工特级企业为重点的一大批建筑企业中普及。

4. "十二五"期间，国家提倡进行企业信息化全方位建设。完善提升了核心业务系统、逐步建立了公司层面的管理系统，加强了信息系统基础设施及安全和信息系统安全体系的建设。建立和完善了信息标准体系，加快了专项信息技术的利用。如建筑信息模型（BIM）、复杂过程仿真模拟（CFD）、工厂生命周期信息管理（PLM）、协同工作、3G无线通信、可视化、参数化模型设计、内容管理等技术，寻求新的效益增长点。加强了保障措施。

## （二）建筑业信息化存在的主要问题和挑战

我国建筑业信息化建设近些年来取得了长足的进步，为建筑业发展提供了强大动力。与此同时，我们也看到建筑业信息化建设过程中暴露的一些问题和遇到的一些困惑。很多企业盲目上马信息化项目，试图一步进入信息化时代。但由于缺乏体系的保障、科学的方法和合理的手段，最终未能达到预期效果，使得信息化在提升企业管理水平、科学决策方面发挥的作用十分有限。更有甚者，很多信息化工程成了"烂尾工程"。如何建设适用、有效和可持续的信息化，如何让信息化促进企业核心竞争力的提高，已成为业内普遍关注的热点问题之一。突出问题主要表现在如下几个方面。

**一是对信息化建设规律认识不足**

很多企业的管理人员包括决策者，对通过信息化提高管理水平的认识不够、主动性不强，这一点明显落后于发达国家。

一些建筑企业并没有清晰认识到信息化的价值和目的，也没有想清楚企业需要什么样的信息化，在政策、同行企业的影响下，跟随潮流，仓促上马。在实施信息化时，抱着"试试看"的心态。虽然热火朝天推广一阵，很快就由于各种原因将系统束之高阁。还有很多企业从"问题"出发，在引入信息化时，以解决当前问题出发，没有从企业战略目标考虑，没有结合企业价值链、管控流程，业务协同等不同维度进行信息化整体规划。仅依靠各个业务部门的当前需求进行建设，使得信息化的使用价值大打折扣，这些都导致信息化建设没有方向，阻碍了企业信息化的良性发展。

**二是缺乏对业务流程标准化的梳理和规范**

业务流程不规范。企业的管理体系、管理制度和管理流程是企业生命的源泉，同时，信息化建设是为管理和生产服务的。所以，没有规范的管理制度和流程体系，信息化就像无本之木，无源之水。特别是对于核心业务项目管理信息化，如果没有有效准确的基础管理制度和流程支撑，无论多么先进的系统都无法充分发挥作用。

**三是建筑业企业信息化组织体系不完善**

长期有效的组织保证也是信息化成功的关键。需要在信息化建设和运营这两个阶段提供组织保证。信息化不仅是技术系统的实施，更是业务的融合应用。目前建筑企业大多没有设立独立的信息化管理部门，设立 CIO 的则更少。企业信息化建设没有总协调人，对涉及全系统的信息化项目建设从宏观上缺少有力的指导和监督，同时信息化建设和管理的组织协调困难、执行力薄弱。

**四是信息化建设资金投入不足**

企业信息化建设是一项系统工程，要完成建设，正常运营必须有资金投入作为保障。相比发达国家，我国建筑企业信息化总体情况基础薄弱、观念比较落后、资金投入不足。目前发达国家建筑企业每年信息化投入为年营业收入的 0.3%，而我国信息化投入最多企业只有平均收入的 0.027%。虽然在近些年，建筑业企业的信息化应用有了深入的推广，但与发达国家相比仍有较大差距。

**五是信息孤岛和信息断层依然存在**

目前建筑业信息化主要发生在企业内部的工作中，企业与外部（例如企业之间或与行业主管部门之间）协同的工作信息化程度还不高。BIM 技术的应用，虽然从技术层面上具备打通产业链的基础，但是项目建设各方和项目各阶段应用的割裂，再加上各方利益主体从自身出发，也不愿意更多的共享数据，从而造成了"信息孤岛"和"信息断层"。这种现象的存在，严重限制了信息化应用效果。

**六是信息化规范、标准缺乏**

由于目前国内建筑企业信息化建设主要采取的是需求驱动模式，分散建设，缺乏统筹规划，缺少行之有效的信息化管理制度和标准，造成企业内部各系统相对独立、系统集成困难、信息不能共享的局面以及系统协同障碍等问题。尽管在"十五"和"十一五"期间，通过主管部门的大力推动，对信息基础编码、交换标准进行了一定的研究，部分企业也建立了自己的信息化编码体系。但由于维护体系不完善、缺乏有效的贯彻及落实措施，造成编码维护滞后，无法满足生产管理实际需要。而很多企业在建设信息系统时，没有一套可参照执行的信息基础编码标准，直接影响了信息数据的有效共享，制约了信息化建设和应用，综合效益发挥不出来。

**七是信息化人才不足**

由于建筑业企业的业务特点以及对信息化的重视程度，建筑业信息化人才严重不足，近年来虽然有了显著增加，但相比其他行业仍有较大差距。尤其中小型建筑企业，不但缺乏兼具建筑业务与信息化技术的复合型人才，而且有的甚至连专职信息化人员都很难保障。尤其是 BIM 技术的应用与推广，对人员能力提出了更高的要求，掌握 BIM 技术的人才捉襟见肘。人员的不足导致许多企业无法有效地开展信息化建设，更无法满足大量施工项目对信息技术服务的需求。同时，由于信息化人才的激励机制不到位，信息化专业人才发展空间受限，影响信息化人员积极性发挥，导致企业信息化骨干人才流失现象严重。

**八是信息化基础数据支撑不足**

目前建筑企业或行业主管部门在实施信息化时候，往往聚焦在管理系统的建设。管理系统对流程的优化、规范和协作固然重要，但是针对执行作业层的应用界面则更多是表单的填写。缺乏对执行作业层所使用的工具软件的基础数据的集成和整合。容易形成"数据落地"的现象，管理层在管理时候要数据，执行层填报数据，数据填报的真实性和时效性都有待改善。而执行层使用的工具软件的数据没有直接对接到管理系统中，造成二次填报和录入。

## （三）信息化推动行业可持续发展

随着计算机技术、通信技术、网络技术的不断发展，信息技术已渗透到社会经济领域的各个方面，产生了巨大而深刻的影响。社会正在由工业化时代向信息化时代过渡，信息/知识将成为社会的主要财富，以开发和利用信息资源为目的的信息经济活动迅速扩大，逐渐取代工业生

产活动成为国民经济活动的主要内容。

对于建筑行业，从顶层的行业主管部门，到中间层的建筑业企业，到作业层的工程项目，信息化将促使整个行业由粗放型向集约型转变。利用信息化手段，在规范企业管理运行程序的同时，优化配置资源、提高经济与社会效益、提升管理水平、推进行业产业结构优化与转型升级。加快知识积累、促进知识型企业建设。提升管理透明度。达到增强建筑业企业综合竞争能力升级、支撑企业及行业的持续稳定发展的目的。

**1. 信息化促进企业集约化经营**

随着建筑企业规模不断扩大，业务领域持续扩展，企业日益形成跨领域、跨区域经营的态势，这直接导致企业资源分散，供应链冗长、组织层级多、管理难度大的问题。社会资源是有限的，而企业资源也是有限的，企业不可能无限度地获取资源，那么如何在有限资源的情况下，将资源的效益发挥至极致，这对企业提出了更高的要求和挑战。"十二五"规划中提出要求企业转变经济发展方式，单纯依靠粗放式的资源投入的发展方式将不可持续。建筑业应该从追求资源获取能力向提高资源配置能力转变，修炼内功，提升核心竞争力。而企业集约经营是提高资源配置能力的必经之路。加强集约化经营能力，可以有效地优化生产要素、降低企业战略成本。减少管理层级、提高企业运行效率。优化业务流程、加强管控能力、提升盈利水平。企业通过对多项目实施有效的过程管理控制，在整个企业范围内实现资源的有效配置和整合，有助于实现企业利润的最大化以及企业权利和义务的统一。能有效地保障工程项目的实施进度和质量。企业法人通过对多项目的集中资金控制，提高企业资金流动利用率，增强企业的银行诚信度。通过对人员的集中管理，能有效地堵塞管理的漏洞，预防腐败。

企业集约经营只有通过信息化才能有效实施。因为建筑业的分散性、非标准性、工人的流动性，给规范的现代化管理带来了困难。通过信息化的手段突破了传统经营模式中的时间和空间屏障，让企业真正实现统一协调"人、财、物"，减少浪费，从而实现企业经营、采购、人力、资金、知识五方面的集约化管理。可以说，企业信息化应用水平也体现了企业的集约化管理水平。

第一，通过信息化手段可以优化资源配置、增加管理跨度、缩短管理半径。充分发挥信息系统的作用，达到信息、技术、市场、管理、人才的优化配置。

第二，通过构建集团、公司、项目三级管控的一体化信息系统，利用信息化为抓手，实施管理创新，流程重组，将企业所有项目的生产情况全部纳入监控范围，对于偏离目标的项目及时采取有效措施。

第三，通过信息化手段，支撑企业集约经营和项目精益管理落地，保证企业整体利益最大化和项目管理全过程受控，最终实现企业管理升级。

第四，利用先进的信息化技术，提升了企业科技创新能力，促进了技术能力提高，提升了专业化水平。

**2. 信息化支撑项目精益化管理**

建筑工程具有建设周期长，资金投入大，项目地点分散、多专业、多干系方、流动性强等特点，以建筑工程为基础的建筑行业具有项目驱动的特征。与制造业相比建筑行业的不同点就在于，建筑行业项目地点分散，建筑产品具有不重复性，因而导致"分散的市场、分散的生产、分散的管理"，每一个项目都存在生产现场的变化、人力资源的不同、气候条件、管理层的变化、政府监管、社会环境、市场环境、业主方等方面的影响。这就大大增加了建筑企业运营和项目管理的难度。

项目精益化管理是以客户为核心，以提高项目效率与效益为目的，运用现代管理模式，对管理对象实施精细、准确、高效的规范与控制。摒弃传统的粗放式管理模式，把提高管理效能作为管理创新的基本目标，用具体、明确的量化标准，取代笼统、模糊的管理要求，改变经验式的管理。以精细化的管理手段结合精益的思想、标准化业务流程、优化生产要素、减少浪费、提高效率，以达到项目利润最大化和浪费的最小化，提升客户满意度，实现价值最大化。

BIM技术作为促进我国建筑行业发展创新的重要技术手段，它的应用与推广将为项目精益化管理提供了有力手段和支撑。对建筑业的科技进步与转型升级产生无可估量的影响。住房和城乡建设部发布的

《2011～2015建筑业信息化发展纲要》中指出将BIM作为设计和施工企业信息化发展的核心技术，并要求施工企业将"在施工阶段开展BIM技术的研究与应用"作为首要的战略目标。

在工程项目管理中，推广和实施以BIM应用为载体的项目管理信息化，必将提升项目管理水平和交付能力，提高建筑施工质量、缩短施工工期、降低建造成本，减少返工，减少浪费，提高效率。BIM具有的核心价值主要通过以下几方面的特点体现。

(1) 可视化

可视化即"所见所得"的形式，对于建筑业来说，可视化真正运用在建筑业的作用是非常大的，特别是近几年建筑业的建筑形式各异，复杂造型在不断地推出，那么这种光靠平面二维图纸往往难以表达，仅靠人脑去想象的三维形象不太现实了。所以BIM提供了可视化的思路，让人们将以往的线条式的构件形成一种三维的立体模型展示在人们的面前，并能给出构件的相互关系。让设计者、建造者直观感受、深入认识建筑物的设计，统一了交流和协作的口径，直观形象、易于理解、便于沟通。使项目设计、建造、运营过程中的沟通、讨论、决策都可以在可视化的状态下进行。

(2) 参数化

BIM模型提供了丰富的信息，包括几何信息、物理信息、属性信息等信息，还提供了建筑物全生命周期的信息。利用BIM技术可以将工程项目信息化，从而实现项目管理过程中海量数据的有效存储、快速准确计算和分析。例如通过BIM快速精确地进行工程量计算、对量等。基于BIM的高效的计算、准确的数据和科学的分析和能力，依靠经验、依靠个人能力的管理现状可以得到很大改观，逐步实现项目精细化和企业集约化的管控。

(3) 可模拟性

基于BIM模型丰富的参数化信息可以更好地进行工程模拟和优化工作、模拟整个建造过程。在设计阶段，BIM可以对建筑物的辅助性能进行模拟实验，以完善设计的功能性和优化设计方案，例如：风环境分析、日照模拟、能耗分析等。在建造阶段可以进行4D进度模拟、施工方案模拟、深化设计等从而确定合理的施工方案来指导施工。同时还可以进行5D施工管理模拟，从而实现成本控制。后期运维阶段可以进行紧急情况的处理方式的模拟，例如人员疏散模拟等。

（4）可协调性

专业协调是建筑工程中的重点内容，不管是施工单位还是业主及设计单位，无不在做着协调及相配合的工作。例如，在设计时，往往由于各专业设计师之间的沟通不到位，而出现各种专业之间的碰撞问题，真正施工过程中，可能在布置管线时正好在此处有结构设计的梁等构件妨碍着管线的布置，这种就是施工中常遇到的碰撞问题。BIM的协调性服务就可以帮助处理这种问题，也就是说BIM建筑信息模型可在建筑物建造前期对各专业的碰撞问题进行协调，生成协调数据，提供出来。同时BIM提供了一个集合项目各阶段信息的集成管理环境，有助于参与建设各方进行协同工作和集成化管理。

### 3. 信息化促进政府监管服务内容和方式的改变

（1）提高监管服务水平

利用信息化手段，行业主管部门能高效、准确地了解行业信息，监管企业行为，并能根据行业、企业信息，及时对行业政策进行调整。通过大数据的积累形成企业诚信库，为建筑市场的有序、健康发展起到至关重要的作用。同时，信息化将大大提高行业主管部门的办事效率，为企业与行业主管部门提供便捷。

目前各地行业主管部门已普遍实施了OA系统，建立了门户网站，搭建了业务监管平台。不但实现了内部的无纸化办公，而且实现了外部的电子政务，大大提高了报批和审批、沟通和指挥、监督和服务的效率，保证了政令畅通。这对于提升主管部门服务水平，推动主管部门由"管理型政府"向"服务型政府"转变大有帮助。

（2）推动行政流程标准化、透明化

建筑业上下游产业链长，涉及资金量大，相关利益方多且市场竞争激烈，相应的审批、检查、监督等行政流程的不透明易导致违规甚至违法乱纪行为的产生。利用信息化手段，行业主管部门可实现政务处理过程规范化、标准化、透明化。

以招投标为例,各地主管部门大部分已实现了招投标工作的网络化。招标单位利用招投标信息平台,可进行招标公告发布、评标专家选择、中标结果公示等一系列工作。招投标流程对外公开,支持全社会对招投标过程的监督。在公开透明的环境下,招标方以市场竞争力为标准选择招标方,减少这一过程中腐败等违规行为的发生。这对于减少各企业间的恶性竞争,规范主管部门的行政行为具有重要意义。

（3）提升公共信息资源的利用率

行业的可持续性发展,需要数据、信息和知识的积累与复用,在大数据时代需要进一步利用和挖掘数据的价值。利用信息化手段,无论是行业主管部门还是社会服务机构都可以建立行业数据库和平台,如材料价格信息平台、工程造价指标、信用信息平台、建筑数据库等,这为政府、企业和公众提供信息服务,为行业的发展提供信息支撑。

综上所述,信息化带来的不仅是工具,在思想意识、战略方向、组织与管理方面都对行业产生了深远的影响,促进了行业产业结构的升级,推动了行业的可持续健康发展。

## 二、建筑业信息化建设的主要内容

建筑业的信息化建设需要结合行业特点与核心业务规划适用的解决方案和系统。建立以PM（项目管理）为核心,以BIM（建筑信息模型）为支撑,以DM（大数据管理）为持续改进和提升的基础,充分利用云计算和移动应用、物联网等先进技术,实现智慧建造的过程,使建设项目效益最大化,最终实现智慧建筑。

如图4-1所示,建筑行业信息化应用架构主要包括平台层、应用层、终端层三个层。

平台层可基于云计算技术（Cloud Computing）实现传统平台向云服务平台转化。应用层始终围绕以提升项目管理（Project Management）这一关键业务为核心,实现项目全生命周期的信息化,实现管理效益的提升。从生产作业的角度来讲,通过"专业工具软件（BIM）"和"数据服务产品（DM）"的支撑实现项目建造与运维的生产效率提高。终端层实现信息化的人机交互,实现从传统PC终端向移动终端（Mobile）和物联

图 4-1　建筑业信息化应用架构

网应用拓展。

### （一）应用层的主要建设内容

**1. 核心业务管理信息化的建设**

建筑行业的核心业务就是项目管理，可以说围绕项目开展生产经营和管理活动是建筑行业业务形态的显著特点。如图 4-2 所示。

对于建筑行业，项目管理水平的好坏决定了企业的发展好坏，决定了行业发展的水平。建筑行业的信息化要围绕项目管理（PM）核心业务开展，才能取得价值的最大化。

对于建筑企业来说，核心业务的信息化就是围绕项目管理为核心的信息化建设。实施以成本为核心、计划为基准、覆盖作业全过程的项目全生命周期信息化管理。通过用好两个管控手段即：加强合同和资金管理，打通三条管线即：实现技术管理、经济管理、施工生产管理三条管

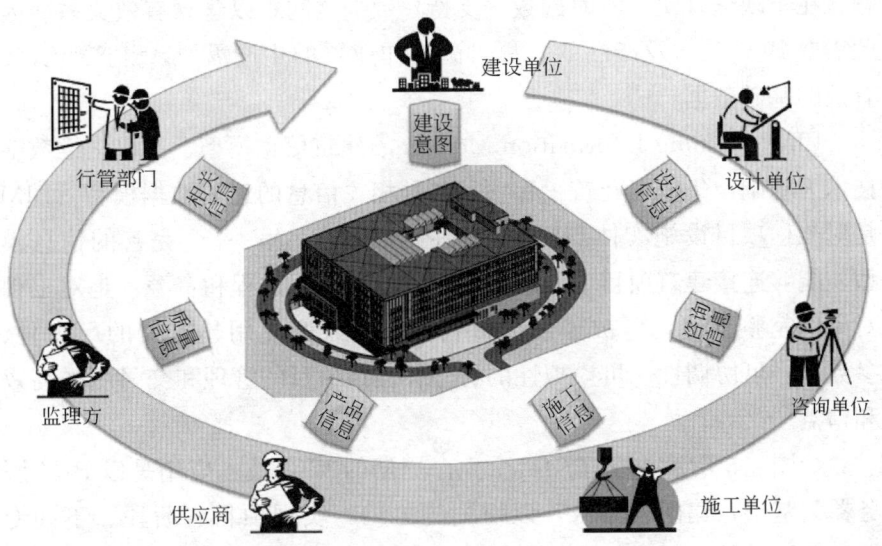

图 4-2　参建各方的项目管理

线职能的精益化和信息化，实现进度、成本、质量、安全、环保等管理目标达成，保障项目的有序进行和顺利交付，保障项目整体目标的有效实现。促进项目降本增效、风险可控、持续提高。

项目管理信息化一方面支持企业落实法人管项目，加强企业集约化管控能力，优化企业流程，提升企业经营效益。同时为最佳管理模式的快速复制提供一个运转平台，帮助企业整合资源、快速发展、提升核心竞争力。另一方面实现了项目的精益化管理，规范项目管理流程，使建设项目投资、进度、质量有效控制，确保建设项目目标的顺利实现。

对于行业主管部门来说，核心业务的新信息化是建立健康、规范、透明的建筑市场环境，保证项目管理高效率、高品质建设的重要基础。围绕工程项目的工程造价管理系统、招标投标管理系统、建筑市场信用管理系统、工程质量及安全监督管理系统等信息化系统，将大大提升工作效率，规范市场行为，减少人为干预，提升服务质量，同时有效地降低了政务成本，进一步带动行业信息化建设，促进建筑行业的健康发展。

**2. 建筑信息模型(BIM)的应用与建设**

在项目建设过程中，单独的项目管理系统很难发挥作用，最大的问题就在于缺乏真实、实时的数据支持，数据之间难以建立有效关系。因此需要 BIM 技术及产品的支撑，满足作业层的生产需要，并产生真实有效的基础数据。

BIM（Building Information Modeling）建筑信息模型，是以三维数字技术为基础，集成了建筑工程项目各种相关信息的工程数据模型。BIM 是对工程项目设施实体与功能特性的数字化表达。一个完善的信息模型，能够连接建筑项目生命期不同阶段的数据、过程和资源，是对工程对象的完整描述，可被建设项目各参与方普遍使用。BIM 的可视化、参数化、可协调性、可模拟性的特性让建筑项目的管理和交付更加高效和精益。

如图 4-3 所示，基于项目全生命周期的 BIM 技术应用是以 BIM 服务器为基础，建模为输入，以协同为方向，实现项目各阶段、不同专业、不同软件产品之间的数据交换、集成与共享，为建设项目目标的实现提供有力支撑。

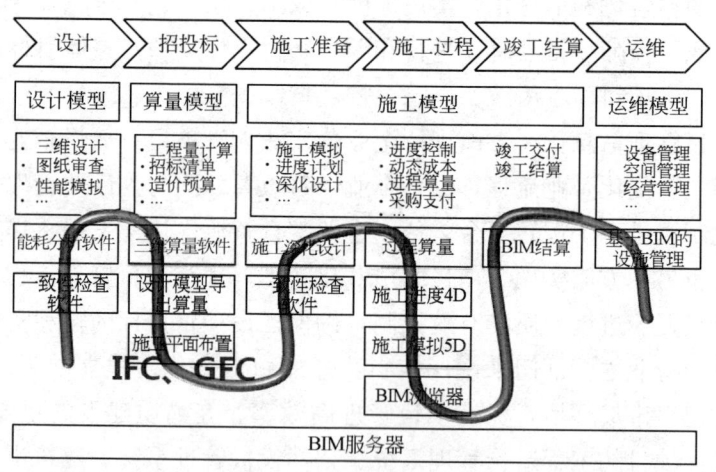

图 4-3　BIM 技术应用

对于项目管理业务而言，施工阶段是参建各方主体主要活动所处的阶段，在施工阶段的 BIM 主要有如下几方面应用和价值。

（1）虚拟施工、方案论证

借助 BIM 手段可以直观地进行项目虚拟场景漫游。在虚拟现实中，身临其境般进行方案体验和论证。基于 BIM 模型，对施工组织设计方案进行论证，就施工中的重要环节进行可视化模拟分析。按时间进度进行施工安装方案的模拟和优化。对于一些重要的施工环节或采用新施工工艺的关键部位、施工现场平面布置等施工指导措施进行模拟和分析，以提高计划的可行性。直观地了解整个施工或安装环节的时间节点和工序，并清晰把握在施工过程中的难点和要点，从而优化方案，以提高施工效率和施工方案的安全性。

（2）碰撞检查、减少返工

在传统施工中建筑工程建筑专业、结构专业、设备及水暖电专业等各个专业分开设计，导致图纸中平立剖之间、建筑图和结构图之间、安装与土建之间及安装与安装之间的冲突问题数不胜数，随着建筑越来越复杂，这些问题会带来很多严重的后果。

BIM 最直观的特点在于三维可视化，利用 BIM 的三维技术在前期可以快速、全面、准确的检查出设计图纸中的错误、遗漏及各专业间的碰撞等问题，处理冲突，优化工程设计，减少在建筑施工阶段可能存在的错误损失和返工的可能性，减少由此产生的设计变更和工程洽商，而且优化净空，优化管线排布方案。施工人员可以利用碰撞优化后的三维管线方案，进行施工交底、施工模拟，提高施工现场的生产效率，减少施工中的返工，提高建筑质量，节约成本，缩短工期，降低风险，同时也提高了与业主沟通的能力。

（3）进度控制、保障工期

当前建筑工程项目管理中经常用于表示进度的网络计划，由于专业性强，可视化程度低，无法清晰描述施工进度以及各种复杂关系，难以形象表达工程施工的动态变化过程。通过将 BIM 与施工进度计划相链接，将空间信息与时间信息整合在一个可视的 4D(3D+Time)模型中，可以直观、精确地反映整个建筑的施工过程和虚拟形象进度。4D 施工模拟技术可以在项目建造过程中合理制定施工计划、精确掌握施工进度，优化使用施工资源以及科学地进行场地布置，对整个工程的施工进度、资源和质量进行统一管理和控制，以缩短工期、降低成本、提高质量。此外借助 4D 模型，建筑企业在工程项目投标中将获得竞标优势，

BIM可以让业主直观的了解投标单位对投标项目主要施工的控制方法、施工安排是否均衡、总体计划是否基本合理等，从而对投标单位的施工经验和实力做出有效评估。

建筑企业精细化管理很难实现的根本原因在于海量的工程数据，无法快速准确获取以支持资源计划，致使经验主义盛行。而BIM的出现可以让相关管线快速准确地获得工程基础数据，为施工企业制定精确人、财、物计划提供有效支撑，大大减少了资源、物流和仓储环节的浪费，为实现限额领料、消耗控制提供技术支撑。

（4）精确算量、成本控制

施工中的预算超支现象十分普遍，缺乏可靠的基础数据支撑是造成超支的重要原因。BIM是一个富含工程信息的数据库，可以真实地提供造价管理需要的工程量信息，借助这些信息，计算机可以快速对各种构件进行统计分析，进行土建工程算量、安装工程、钢筋工程等算量。大大减少了烦琐的人工操作和潜在错误。

基于进度计划的工程量过程统计，可以理解为BIM在项目中的5DBIM应用。按照时间进度或流水段等可以实时统计实体工程量。通过BIM获得的准确的工程量统计可以用于成本测算、成本控制、成本分析等工作。

（5）现场整合、协同工作

BIM不仅集成了建筑物的完整信息，同时还提供了一个基于三维模型的协同工作环境。可以说BIM逐渐成为一个便于项目参建各方协同工作的平台。

为了满足协同工作的需求，提高工作效率，需要建立统一的集成信息平台。通过统一的平台，使各参建方或各部门间的数据交互直接通过平台进行，减少沟通时间和环节，解决各个参建方之间的信息传递与数据共享问题。帮助参建各方更好的理解项目、方便洽商、达成共识。减少由此产生的变更，从而缩短施工时间，降低由于设计变更、工程洽商等造成的成本增加，提高施工现场生产效率。

（6）数字化加工、低碳集约

建筑工业化是工厂预制和现场施工相结合的建造方式，这将是未来建筑产业发展的方向。BIM 结合数字化制造能够提高承包工程行业的生产效率。实现建筑施工流程的自动化。建筑中的许多构件可以异地加工，然后运到建筑施工现场，装配到建筑中（例如门窗、预制混凝土结构和钢结构等构件）。通过数字化加工，可以准确完成建筑物构件的预制，这些通过工厂精密机械技术制造出来的构件不仅降低了建造误差，并且大幅度提高构件制造的生产率，这样一种综合项目交付方式可以大幅度地降低建造成本，提高施工质量，缩短项目周期，同时减少资源浪费，并体现先进的施工管理。对于没有建模条件的建筑部位还可以借助先进的三维激光扫描技术，快速获取原始建筑物或构件模型信息。

**3. DM 大数据管理系统的建设**

随着项目管理系统和 BIM 技术的深入应用，会产生各种各样的结构化和非结构化数据，面对海量的大数据，如何让这些数据进一步发挥价值，需要 DM 数据管理系统的支撑。

建筑企业的业务开展过程中产生的大量历史数据因为缺乏标准化，很难得到广泛持续的应用。而且在生产和管理过程中，会积累下很多数据和信息。需要进行加工、处理并形成知识进行复用。应该说建筑行业分散性的特点本身，让企业在工作和生产过程中更需要数据的支持和服务，需要复用经验数据，历史案例工程数据等。需要对数据进行科学分析，以辅助工作和决策支持。例如需要查询和获取市场材料价格，需要获取工程造价指标支持造价估算，通过数据分析找出管理和生产的问题。

数据服务类软件系统建设可以从经济类、生产类、技术类进行规划和建设。通过采集、分类、整理和发布，形成企业的知识库。积累下企业的指标类信息、材料价格、合同模板、方案模板、标准图集、工艺工法等资料。便于生产和工作中复用，例如企业在工程预算或采购时，可以查询和获得材料价格信息。通过造价指标的查询和分析，为成本测算、控制与分析决策提供依据。

总体来说，通过数据管理与服务类软件的应用使建筑企业和行业主管部门更加便捷和有效地进行知识的获取和知识的积累。为建筑企业的持续提高和行业的可持续发展提供了有力支撑。

## (二) 平台层的主要建设内容

信息化的建设需要"随需应变",需要实现系统间的有效集成和数据的互通互联,需要提供强大的、可扩展的业务运行环境。平台层就要建设承载各业务系统和业务应用的信息化平台。

通过平台使不同类型、不同业务的应用系统能够真正集成在一起,实现高效的协同工作和流程控制。消除信息系统的孤岛现象。从管理的整体性出发,对部门协作、业务处理、流程优化、决策分析、业务重组提供全面的体系化支持,全面提升信息化的能力和价值。

平台应具备基础配置能力、开发实施能力、灵活部署能力、系统集成能力、大数据计算能力,提供信息化系统和业务应用开发和整合所必需的基础服务,如统一身份认证、统一权限管理、统一系统审计、统一门户、工作流引擎、文件传输、数据存储等。平台应提供二次开发标准接口,提升信息化的系统集成性和技术无关性,促进各类业务系统的紧密配合,帮助企业成为高效协作的整体,提高管理和运营的效率。

随着网络宽带提速和 4G 移动互联网的快速发展,对服务器端提供高效的计算能力和低成本的海量数据存储能力产生了巨大需求。云技术的兴起,不仅为软件行业发展带来信息的机遇,同时给建筑行业的信息化应用带来了新的模式。云技术是分布式处理、并行处理、网格计算、网络存储和大型数据中心的进一步发展和商业实现。云技术就是通过网络把信息技术当作服务来使用。用户使用云服务就像使用水和电一样,只需要一个终端完成输入输出,所有的业务和数据处理都由网络完成,而用户不必考虑这些数据和服务在什么地方。因此,云技术为建筑业信息化的发展提供了新的建设模式和应用模式。如图 4-4 显示了支撑建筑业信息化的基于云服务平台框架。

通过云计算对 IT 平台进行整合,提升资源利用率,满足对快速部署业务的响应,实现对各种增值业务的支撑。可以说平台的建设逐步走向"云端"。如图 4-4 所示,基于"云"的服务平台、服务模式让项目参建各方可以通过公有云和私有云,更自由地访问数据,更高效处理数据,更便捷的协作。

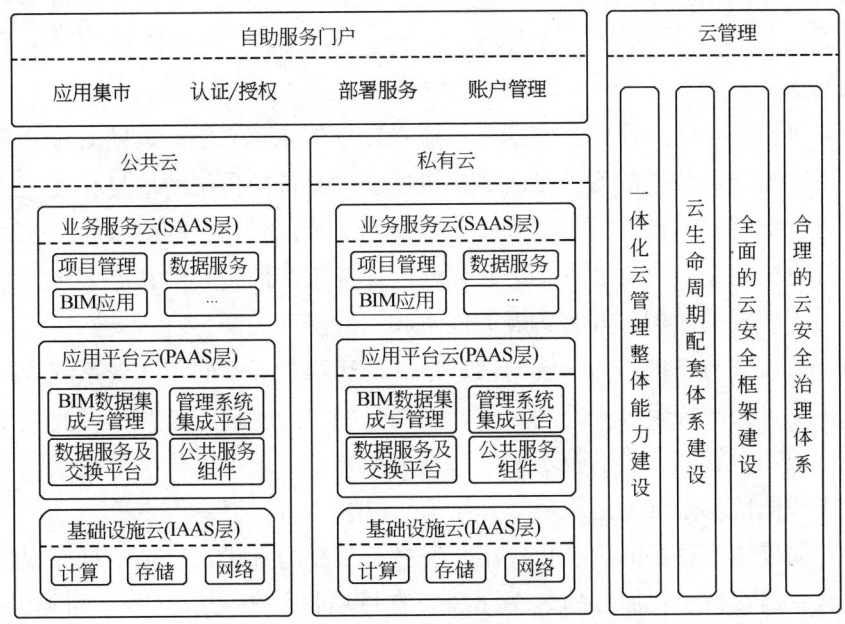

图 4-4　云服务平台框架

应用云服务平台的优势主要体现在以下几个方面：

拥有低成本投入。目前大部分的建筑施工企业都已经采购了大量的基础 IT 设备与产品，信息化建设必须充分考虑保护和复用现有 IT 投资，将这些 IT 设施和产品利用云技术和云管理工具，搭建"企业私有云"，使其成为云平台的一部分，并通过云的均衡负载和高效使用，减少在硬件上的投入。除此之外，也可以采用"共有云"方式，租用应用程序服务和基础设施服务，企业不用直接购买软硬件，而只需要通过网络与"云中心"连接即可。统一的"云中心"减少了 IT 投入和维护成本，也实现了 IT 设施的集中管理与维护，这样，日常的维护也变得相对简单，并且能缓解专业人员不足的问题。原来存在的信息化建设成本高、开发周期长、维护难等问题可迎刃而解。

拥有高速度。通过自助式访问可用的计算资源池，在几分钟内（而非数周或数月）用户就可以使用和运行所需的资源。还可以自由地对"云空间"中属于自己使用的计算容量做出调整，这些都要归功于灵活的可伸缩网格体系结构。另外，因为云计算是按使用付费、以高度伸缩方式运营并且是高度自动化的，因此云计算的效率也是非常令人信服的。

可扩展性强。通常建筑施工企业在建立信息化系统后，随着项目数量不断增加，数据的增长量会非常迅速。如果按照传统的信息化建设方式进行部署，软硬件的扩展都会比较复杂烦琐。采用云的方式，从初始设计阶段就把实现高处理能力和高性能作为生产部署云的核心要求，采用易于扩展的架构，并将扩展的成本和风险降到最低。

易管理与维护。与传统的信息系统的运维方式不同，随着系统规模的扩张，云的规模也不断地壮大，但是，相应的管理人员并不需要大量的增长，对管理人员的技术要求和精力花费的要求也比传统方式低，有利于降低信息系统的运维成本和风险。

促进施工现场的信息化应用。通过云服务的方式，解决项目部现场不适合搭建信息化服务器这个矛盾，支持项目部现场信息化协同建设。特别是通过云技术与BIM结合，结合云服务和云存储的特点，实现BIM模型数据的存储、数据交换、共享、协同，使BIM能真正发挥产业链协同的价值。云技术与其他应用的结合可以为建筑业提供很多管理模式和商业模式的创新和进步。

总的来看，"云"的核心价值在于解决了当前技术模式不能解决的服务问题，使提供更灵活的信息消费（各种服务及多租用户应用服务）和信息集成能力成为可能。由于有了云计算，未来的数据中心可以向极度的水平扩展演变，从成百上千节点扩展到上万个节点。

## （三）终端层的主要建设内容

### 1. 基于移动终端的业务应用

建筑行业的项目分散性、人员的移动性、管理的离散性等特点，对信息化的应用造成了很多障碍。随着信息技术和通信技术的发展，如3G网络的普及，PAD平板电脑、智能手机等终端设备的技术成熟与普及，企业或个人利用移动终端设备进行日常工作和生产作业成为可能。应用信息化不再受时间空间限制，施工企业信息化系统通过移动平台建设，将信息化管理系统延展到移动终端上，将传统的"办公室信息化"扩展到任意地点。建筑企业70%左右的业务工作都发生在现场，这种特点正与移动信息化相匹配，实现了工作的时效性需求和空间性需求，可以在业务发生之时立即应用信息化解决，决策层可以随时随地移动审批、运筹帷幄。大大提高企业的运作效率和运作质量。

移动化应用逐渐渗透到企业原有的信息化系统中，实现随时随地处理业务逐步成为趋势。建筑企业结合自身的特点和行业的特性，可以利用移动终端的巨大优势实现以下三大应用。

(1) 移动办公应用

各种业务和办公的工作都可以通过手机和PAD进行及时的处理。典型的应用就是流程审批、公文流转、通知公告、日程提醒、会议通知、通讯录、手机硬盘、消息预警、邮件、任务待办等信息及文档查阅均可以在手机上进行处理。在任何地点，利用宝贵的"零碎"时间都可以处理工作。提高了效率。

(2) 移动商业智能应用

决策层领导在办公室的时间也是非常有限，但是对于企业的运营状况的了解，是需要随时掌握的。企业上了信息化系统后，通过手机移动终端的接入，利用商业智能的手段对业务系统的数据进行分析和数据挖掘，并以图表和报表的方式在手机或PAD的终端展示。非常直观和方便。而且目前移动终端设备的技术发展，操作的人性化，极大地缩短了适应过程、提高了操作效率。

(3) 现场移动应用

施工企业的分散性、人员的移动性、项目的临时性等特点，对信息化的应用造成了很多障碍。尤其是工地现场的环境非常复杂，项目管理人员多是在现场作业和管理，抱着笔记本电脑下工地也是不方便的。通过PAD或手机终端设备，结合BIM技术手段，在PAD上进行建筑模型和图纸浏览，进行变更洽商、设计交底、施工指导、质量检查、虚拟施工、沟通管理非常高效。

**2. 基于物联网技术的应用**

物联网（IOT，Internet Of Things）简单地说就是"物物相连的互联网"。指的是将各种信息传感设备，如射频识别（RFID）装置、红外感应器、全球定位系统、激光扫描器等种种装置与互联网结合起来而形成的一个巨大网络。其中RFID电子标签技术是核心的关键技术之一。通过装置在各类物体上的电子标签（RFID）、传感器、二维码等经过接口与无线网络相连，从而给物体赋予"智能"。

目前工程建设规模不断扩大，工艺流程复杂，如何搞好现场施工现场管理，减少事故发生，一直是施工企业、政府管理部门关注的焦点。在工程施工现场条件下，利用物联网技术推进施工现场管理、物资管理、地下空间施工等方面的信息化应用。针对建筑的重点部位和施工关键工序、危险性较大的分部分项工程、实现对工程施工各阶段、各部位的安全、质量的实施监控和施工现场能耗、人员、设备、材料的有效监控。实现信息化与工业化的有效融合。提高工程施工的质量、安全监控能力，推进建筑施工企业科技水平提高。以下列举了物联网技术在施工现场的典型应用，可供建筑企业参考。

（1）针对人员管理方面的物联网应用

工程施工现场环境复杂，对施工人员的状态、安全、行为都需要进行有效的监控和管理。通过对现场施工人员安全帽、安全带、身份识别牌进行相应的无线射频识别，可以实现人员在施工现场的定位和跟踪。而工地有些区域比较危险，也不宜经常走动。结合在BIM系统中精确定位，如操作作业未符合相关规定，身份识别牌与BIM系统中相关定位同时报警，使管理人员精准定位隐患位置，从而使得工地上的安全生产、质量控制、文明施工管理以至于职工考勤、现场劳动力分布等都一目了然。

结合视频监控手段，实现对人员施工安全和质量监控。对施工人员操作的规范性、设备安装过程的监控等通过视频监控手段及时进行远程监控和监督。尤其是高层作业，可以设置多项监控重点，如建筑物的安全网设置、施工人员作业面临边防护、施工人员安全帽佩戴等等。

针对材料控制方面的物联网应用。现场物料的使用、存放都需要进行有效的监控与管理。针对物料跟踪应用，对施工过程中的物料运输、进场、出入库、盘点、领料都可以采用RFID电子标签，通过物联网进行跟踪和监控。

结合视频监控手段实现对现场安防的监控。工地上的钢筋、钢管、零星材料到处堆放，由于工地进出人员复杂、管理难度大，一个项目下来，被盗损失不小。需要有效避免盗窃事件发生。

(2) 针对施工机械方面的物联网应用

塔机运行状态监控应用，大型塔吊及设备在施工运行过程，通过物联网技术将运行状态实施监控和记录。塔机作业安全监控可以极大降低安全生产事故，减少因各种塔吊违规操作而引起的安全事故，也为事故处理提供有效证据。

电梯运行安全监测应用，施工工地的运输电梯经常由于超载或超负荷运行导致安全隐患，尤其是在超高层建筑工程中更是需要关注。通过电梯运行监测，通过物联网技术及时进行安全报警，事前控制。

(3) 针对现场作业的物联网应用

在施工过程中，施工安全的隐患、危害健康的危险源等无处不在，通过物联网技术对现场施工进行监测主要包括：对建筑工地环境监测、大体积混凝土浇筑监测、钢结构应力应变、地基监测、预应力梁的监测、基坑支护监测、地下工程监测、现场视频监控等。

采用物联网技术将各类监测点的信息汇集到统一的监控平台，实现各个监测点的信息共享、实现对建筑工地现场的统一管理。

## 三、推进建筑业信息化应用的关键举措

### (一) 政府层面

随着我国新型城镇化的大规模推进，建筑业高速发展的现状和相对落后的管理水平之间的矛盾日益突出。传统的建造模式已经不再符合可持续发展的市场需要，更不符合新型城镇化的要求。建筑行业的发展应该抓住转型升级的历史机遇，从观念、机制、技术等方面进行创新，充分利用现有信息技术突破，迅速提高自身信息化水平，提高自身核心竞争力以应对更为激烈的市场竞争。在这一过程中，政府必须结合我国建筑业信息化现状，积极采取措施引导、推动建筑业信息化进程。

**1. 配套政策引导**

建筑业的信息化应用推广离不开政府的支持和推动，离不开配套政策的引导。在我国建筑业信息化进程中，《2003—2008年全国建筑业信息化发展规划纲要》、《2011—2015年建筑业信息化发展纲要》等规划性纲领性文件都起到了规划技术路线、引导建筑业信息化进程的关键作用。为行业和企业的信息化建设指明了方向，提供了行动纲领。因此，政府应该在充分调研的基础上，积极编制建筑业信息化发展纲要和相关规范，确保我国建筑业信息化技术路线的合理、可行。

**2. 制订标准支撑**

信息化的发展离不开标准的支撑，尤其以BIM技术为代表的信息化手段的推广单纯凭借市场力量难以自发构建。因此，政府和行业协会应该牵头，联合高等院校、大型建筑企业等单位，积极推进我国建筑信息标准建设。引导行业内信息化软件产品实现数据互通互联，共同营造良好的信息化应用环境，不仅有利于行业发展，行业各方主体也将从中获益。

**3. 加快人才培养**

行业从业人员素质决定着我国建筑业信息化。目前，我国建筑业从业人员信息化基本素质亟待提高。因此，政府应该通过建立继续教育培训制度、增加大学教育相应内容，在资格准入方面予以规范等多种形式，加快建筑行业信息人才培养力度，促进建筑业信息化实施效果。

**4. 加大科研投入**

促进建筑业信息技术进步，加大科研投入，在关键技术上取得突破。政府应该在合理评价的基础上，通过"国家科技支撑计划"、"国家重大基础研究项目"、"国家科技示范项目"等载体，增加对建筑行业信息化技术的科研投入，以解决建筑业信息化过程中遇到的建筑信息标准缺失、信息交互不畅、自主知识产权产品竞争力不足等问题，促进建筑行业信息化一揽子解决方案的早日出台，并最终推动建筑业信息化进程。

**5. 完善信息化应用机制**

行业主管部门信息化应用环境的建立和完善对提高企业信息化水平

至关重要。一方面积极创造良好的建筑业信息化环境，规范建筑市场，降低建筑市场交易成本。另一方面，通过资质挂钩、先进示范与行业奖励、信息化水平评价等机制，确保建筑企业具备主动信息化的动力。

## （二）企业层面

信息技术代表一种先进的生产力，信息技术的有效应用关系到企业的长远发展，也是使企业在新一轮竞争格局中取胜的关键。企业信息化不是仅仅选择一家软件公司，买一套软件系统就是信息化了，更需要一个科学化、标准化、规范化的实施方法作为指导。建设适用的信息化，建设有效的信息化，建设可持续的信息化，促进信息化建设与企业发展的深度融合。

**1. 从需求出发，积极投入是实现信息化的先决条件**

信息化的目标是解决企业效率效益问题，其中既包括项目、职能部门等组织管理问题，也包括成本、质量、安全、进度等项目管理问题，每个企业都有自己的独特个性、运作方式和突出问题，如果施工企业在描述自己的信息化需求和愿景方面研究分析、力量投入不够，完全依靠外部技术力量，常常会产生双方愿景契合度不高，甚至两张皮、投入效果较差的问题。企业在与专业的信息技术企业合作的同时，投入人力和精力，搞懂信息技术解决问题的能力和特点，搞清本企业的需求，结合本企业的实际，有的放矢地选择信息产品、服务和系统解决方案，是成功实现信息化的关键一环。

**2. 结合企业战略的信息化规划是企业实现信息化的保障**

明确了企业信息化的愿景、需求，制定本企业信息化战略规划并坚持不懈加以贯彻，是企业在信息化道路上不断进步的重要保障。实际中，企业存在信息化计划随领导重视程度和个人喜好而定的情况，造成了不同时期冷热不同、思路不同、信息化不能一以贯之的情况。坚定信息化的方向，减少人为影响因素，制定企业信息化战略规划，同时随着企业需求、信息技术的变化加以动态调整。此外，对于信息化工作予以组织上的落实，有部门、有主管、有协调机制，实施有权威的领导，是企业成功实现信息化的保障。

**3. 打造信息化应用的标准和平台是企业实现信息化的基础**

施工企业与制造业相比，在产品对象、建造过程、使用材料、建造条件等方面的标准化状态完全不同。这也是阻碍施工企业实现信息化的一个难点问题。抽象企业的建造过程，将过多的变量归入标准化轨道，使其可记录、可度量、可交换、可操控、可调节、规范化、标准化，应当是企业实现信息化必须完成的基础工作。

**4. 全员信息化意识、能力培训、专业人才的引进培养是企业实现信息化的关键**

企业的信息化水平直接反映企业员工的信息化能力。加强在职员工的信息化技术、相关应用软件、应用系统、信息化工作环境的培训教育，不断提高企业对于员工信息化水平的要求，严格考核，同时改变人才结构，补充急需的信息化人才及建筑施工、信息技术跨界优秀人才，是企业实现信息化不能绕过的问题，也是企业未来发展的迫切需要。

# 第五章　建筑工业化推动转型升级

党的十八大提出,要坚持走中国特色新型城镇化道路,推动工业化和城镇化良性互动、城镇化和农业现代化相互协调,促进工业化、信息化、城镇化、农业现代化同步发展。建筑业无论从自身持续发展还是从外部环境要求来看,都面临着转型升级的必然选择。

建筑工业化是以标准化设计、工厂化生产、装配化施工、一体化装修和信息化管理为主要特征的生产方式,并在设计、生产、施工、开发等环节形成完整的、有机的产业链,实现房屋建造全过程的工业化、集约化和社会化。建筑工业化能大幅减少用工、缩短工期、降低劳动强度、实现节能减排、提高综合效益、提高建筑产品的质量与安全、提高企业竞争力。

多年来,我国建筑业一直发挥人口红利的优势,沿袭传统的建造方式,效率不高,技术进步缓慢,资源浪费严重,加快转变发展方式、推动建筑企业向工业化方向发展是全行业转型升级的重要内容,也是摆在行业面前重要而紧迫的任务。

## 一、建筑工业化发展现状

### (一) 政府大力推动

**出台政策积极推进。** 近年来,国家及地方各级政府都对建筑工业化给予了高度重视,纷纷出台政策积极推进建筑工业化。

2013年1月1日,国务院办公厅发布的《绿色建筑行动方案》提出,推动建筑工业化。住房城乡建设等部门要加快建立促进建筑工业化的设计、施工、部品生产等环节的标准体系,推动结构件、部品、部件的标准化,丰富标准件的种类,提高通用性和可置换性。推广适合工业化生产的预制装配式混凝土、钢结构等建筑体系,加快发展建设工程的预制和装配技术，提高建筑工业化技术集成水平。支持集设计、生产、施工于一体的工业化基地建设，开展工业化建筑示范试点。积极推行住宅全装修，鼓励新建住宅一次装修到位或菜单式装修，促进个性化装修和产业化装修相统一。

各地积极发挥政府的引导作用，出台促进产业化发展政策，上海、重庆、北京、河北、浙江、沈阳等近20个省市出台了指导意见。

2012年12月，《浙江省人民政府办公厅关于推进新型建筑工业化的意见》提出，大力发展以预制装配式结构体系为主导的工业化体系，提高建筑构配件的模数化、标准化、系列化、定型化程度，加大建筑部品部件产业化生产比重以及在建筑结构体系中应用率，形成与现代建造方式相匹配的建设管理、设计、施工、安装体系。积极推广应用预制化生产、装配式施工技术，选择有条件的住房建设项目进行试点，到2015年，全省预制装配式建筑（PC建筑）开工面积达到1000万$m^2$以上，保障性住房单体建筑预制装配化率（PC率）达到30%。推广建筑工业化集成技术。大力发展集保温、装饰、围护与防水一体的预制外墙等新型墙体围护结构和技术，以及适合预制装配式住宅的外遮阳和可再生能源利用技术。推行土建、装修设计施工一体化和厨卫安装一体化，提倡采用内装与主体结构分离体系，实现工业化集成建设。积极培育建筑工业化生产企业。支持企业加快技术改造，研发新的工法工艺，提高生产设施和企业管理水平。对于实施建筑工业化项目并编制省级以上建筑工业化技术标准规程企业，鼓励其申报高新技术企业并享受相关科技创新扶持政策。

江苏省积极推进建筑产业现代化。2011年，省政府明确提出了坚持以建筑工业化为抓手，加快建筑工业化和住宅产业化进程。目前，全省有10多家大型建筑企业开展了建筑工业化的实践。

上海市大力发展装配式建筑，出台《关于本市进一步推进装配式建筑发展的若干意见》，明确装配式建筑发展具体要求，强化区（县）政府职责，落实企业责任，完善配套措施。

沈阳市相继出台了《关于加速发展现代建筑产业若干政策的通知》、《关于加快推进现代建筑产业化发展指导意见的通知》、《关于加快推进现代建筑产业发展若干政策措施的通知》等政策，这些政策对采用建筑产业现代化技术的项目在社保费、安措费、质保金及墙改基金、散装水泥基金等方面及在商品住宅销售等环节给予政策支持。

  2014年4月20日，住房和城乡建设部会同辽宁省住房和城乡建设厅，对沈阳市申报"国家现代建筑产业化示范城市"进行了专家评审。在经过现场考察质询后，专家组通过论证一致认为，沈阳基本上具备国家现代建筑产业化示范城市条件，同意沈阳市成为国家现代建筑产业化示范城市。沈阳成为全国首个通过现代建筑产业化"示范城市"专家评审的城市。这是自2011年获批国家现代建筑产业化试点城市后，沈阳在发展现代建筑产业之路上又一次重要"升级"。

  2011年1月，获批国家现代建筑产业化试点城市后，沈阳在技术水平、政策扶持、市场培育、应用领域、引进企业等方面取得突破性进展，使技术标准体系不断完善，生产企业数量不断增加；产能逐步扩大，成本有效降低；应用范围不断拓展，市场探索初步完成，在加快产业结构调整、促进节能减排、提升建筑品质以及保护环境等方面的优势日益显现，充分起到了试点带动作用。现代建筑产业已经成为沈阳新的经济增长点。

  2014年3月25日，沈阳研究制定了18项政策措施，并以市政府名义印发了《关于加快推进现代建筑产业发展若干政策措施的通知》，从企业发展、工程建设、配套产业链和科技支撑等方面提出了相关支持政策。特别是对采用装配式技术的项目在社保费、安措费、质保金及墙改基金、散装水泥基金等方面给予的政策支持，以及在商品住宅销售等环节给予的政策支持，有力提高企业应用现代建筑产业化技术的积极性。

  与此同时，沈阳还从政府项目入手扩展应用领域。按照强制推进和引导激励相结合的原则，首先从政府投资的保障房项目入手，通过实践，在不断完善技术和管理体系的基础上，以政策引导房地产项目应用现代建筑产业化技术。沈阳还进一步扩展预制装配式技术在市政工程、轨道交通工程、园林工程和交通设施等工程中的应用，并取得了不错的效果。

在政策的扶持下，日本骊住、积水住宅、黑龙江宇辉、长春亚泰、万融集团等现代建筑产业化优势企业现已在沈阳投资建厂，构件规模化产能达 500 万 $m^2$，满足了沈阳现代建筑产业化工程建设需要。与此同时，惠民新城、惠生新城、浑南创投大厦等一大批政府投资的装配式建筑工程全面铺开。万科春河里、沈北亚泰城、中南世纪城、积水浑南项目等装配式房地产开发项目正顺利推进，一批开发企业已试点全装修模式。沈阳提出在二环内土地出让条件中加入采用产业化装配式建筑技术和全装修的建设要求后，多宗土地被房地产开发企业竞得。沈阳已开工或确定采用装配式建筑技术的项目现已达 640 万 $m^2$，全装修商品住宅 600 万 $m^2$。现代建筑产业的技术体系、生产能力、市场应用都已达到一定水平和规模。

沈阳未来的目标是要建设成为东北地区最大、最具有竞争能力的现代建筑产业基地，国内最大的现代建筑产品、建筑装备商贸物流中心，建筑产业领域国内一流、国际领先的科研、设计、制造中心和世界知名的现代建筑产业之都。到 2015 年，全市 50％以上的建筑工程采用现代建筑产业化方式建设，装配化率达到 30％以上，整体厨卫等全装修方式大规模应用，装配式市政建筑部品在市政工程建设中推广应用，逐步形成较为完整的现代建筑产业化技术应用体系。到 2020 年，全市 70％的建筑工程采用现代建筑产业化方式建设，装配化率达到 50％以上，形成体系丰富、产业链完备、技术先进的现代建筑产业化技术应用体系，抢占国内现代建筑产业化技术制高点，辐射和带动沈阳经济区乃至东北地区现代建筑产业化技术的推广应用。（于海）

2012 年，安徽合肥市在全国率先提出打造千亿元建筑产业战略目标，并于 2013 年将其列入市 8 大重点战略性新兴产业之一。目前，远大住工、宇辉集团、中建国际等产业龙头企业相继落户合肥，产能超过 500 万 $m^2$，建成及在建面积超过 300 万 $m^2$，产业发展走在了全国前列。

政府如何引导一个新兴产业发展？合肥在建筑产业化进程中探索出一条新路径。

不给政策给市场。为盘活市场，合肥在建筑产业兴起之初没有急于出台任何形式的鼓励和奖励政策，而是根据客观实际，两年内果断拿出近200万$m^2$的保障房、拆迁安置房项目以及中科大先进技术研究院等12个政府性投资项目，形成产业化菜单，变企业"锅找米"为政府"米等锅"。与此同时，政府积极搭桥，推进住宅产业化企业进入商品房开发市场。目前，已有融侨开发企业与远大公司、中海开发企业与中建公司合作开发商品房，以及万科公司运用产业化建设模式，自主投资建设住宅商品房。

规范市场促发展。合肥在两年的实践中完成了建筑产业化4大体系建设：技术标准体系——成立专家库，运用专家评审方式，创新建立了本地住宅产业化技术标准体系；招标投标体系——从单一来源谈判到邀标，经过不断探索和总结，创新推出了公开招标确定总承包方的全新模式，大大降低了建造成本；服务管理体系——将住宅产业化列入全市重点项目和8大重点工程统一调度，市委书记定期调度、市长每季度调度一次、分管副市长每月调度一次、市产业化办公室每周调度一次，遇到问题及时协调解决；激励竞争体系——出台《加快推进建筑产业化发展的实施意见》，保障行业有序竞争，促进产业稳步拓展。

在靠市场引领、规范促进建筑产业化发展中，安徽合肥实现了"四大可控"。

一是质量可控。通过公布产业化建设的各项技术规范标准，预制构件在工厂生产，现场组装、装修与施工监督同步，确保产业化建设全程在阳光下运行，并实现全程可追溯。

二是价格可控。运用现有的总承包招投标方式，中标企业独立承担生产、组装、施工等全部建设过程，省去中间环节，施工成本大为降低。2013年，市级公租房产业化建设项目中标价格已由原来的每平方米2600元下降到2265元。

三是时间可控。较之传统建设方式普遍存在的工期长、延期因素多等问题，产业化建设工期缩短了约1/3，且能保障按时完工。中科大先进科技研究院5万$m^2$公寓楼，86天按时实现了结构封顶。

四是节能环保可控。采用产业化方式发展建筑业，最大限度地减少了环境污染和能源损耗，经过对近两年建筑产业化成效初步测算，比传统建筑方式节约劳动力50%、节约木材80%、节水50%、节约施工耗能30%、减少施工废弃物约70%。

合肥已经明确提出，争取到2017年，全市新建保障性住房建筑产业化率达到50%以上，城市重点区域内具备应用条件的建设项目优先采用装配式技术进行建设；2020年，装配式建设技术在全市大规模应用，预制装配率达65%以上。（白海星 文晶）

**产业化基地引领示范。**住房和城乡建设部通过建立国家产业化基地培养了一批产业关联度大、带动能力强的龙头企业，这些基地企业和试点城市理念领先、实践超前，在产业化发展中发挥着重要的引领、示范作用，沈阳市、深圳市、济南市、合肥市和中建国际、中南建设、远大住工、黑龙江宇辉、山东万斯达等企业已经走在行业的前列，成为新时期建筑工业化发展的领军企业。如山东省是较早启动建筑产业现代化的省份，2012年，济南市成为全国第三个住宅产业化综合试点城市，已形成海尔、力诺瑞特、万斯达等8个国家示范基地，70多家构配件生产企业，各类构配件生产能力达380万$m^2$，建成示范项目150万$m^2$。浙江省以建筑工业化示范基地和示范项目为抓手，推进新型建筑工业化。

**完善相关技术标准体系。**装配式混凝土结构技术、生产工艺、施工技术日趋成熟，国家标准《装配式混凝土结构技术规程》已于2014年颁布实施，为装配式混凝土结构建筑提供了工程设计、验收的技术支撑。一些地方也不断完善技术标准，为建筑工业化发展提供标准依据和技术支撑。深圳编制了产业化住宅模数协调等11项标准和规范；

北京出台了混凝土结构产业化住宅的设计、质量验收等 11 项标准和技术管理文件；上海已出台 5 项且正在编制 4 项地方标准和技术管理文件；辽宁省编制了《预制混凝土构件制作与验收规程》等 9 部地方技术标准；吉林省编制发布了《预制钢筋混凝土复合保温外墙挂板技术规程》、《装配整体式混凝土剪力墙结构体系住宅技术规程》等两部地方标准。

**多种技术体系日趋成熟。**目前我国已初步建立了住宅产业化结构体系、部品体系和技术保障体系，部分单项技术和产品的研发已达到国际先进水平。在建筑结构方面，预制装配式混凝土结构体系、钢结构住宅体系等都得到一定程度的开发和应用，装配式剪力墙、框架外挂板等结构体系施工技术日益成熟。如沈阳市积极引进多种较为成熟的建筑产业现代化技术体系，主要有装配式混凝土结构、钢结构等结构形式，其中装配式混凝土结构技术体系包括混凝土框架结构体系和混凝土剪力墙体系。沈阳市在制定技术标准时把相关企业的专利技术也纳入进来，实现了设计、生产、施工的通用性。

**推进科技支撑体系建设。**沈阳市以浑南万融现代建筑产业园为基础，成立了现代建筑产业技术研发基地；以沈阳市建设工程检测中心为基础，成立了现代建筑产业化工程检测基地；以沈阳建筑大学、沈阳市建筑业协会、装饰装修协会为基础，成立了沈阳现代建筑产业培训基地。黑龙江省构建以标准化、工业化和信息化为基础的产学技术创新实践模式，宇辉集团与哈工大研发的混凝土短肢剪力墙结构体系被建设部评为全国产业化推广应用基地，科技成果的应用取得了良好的经济和社会效益。

## （二）企业积极实践

一些企业充分认识到建筑工业化是建筑业发展的大趋势，在转型升级中寻求建筑工业化的发展，积极进行探索和实践，并已取得阶段性成果。建筑业生产成本的不断上升和劳动力的日渐短缺也从客观上促使越来越多的企业把建筑工业化作为企业提高劳动生产率、降低成本的重要途径，推进建筑工业化已成为企业自身发展的迫切需求，成为企业技术创新和转型升级的内在动力。

宝业集团是我国最早推行建筑工业化的企业之一。1992年，宝业集团创建全国首家地级市商品混凝土公司，同时成立构件公司，专业生产各种预制构配件，开始住宅产业化探索之路。2002年，宝业投资筹建"宝业住宅产业化浙江制造基地"，形成了商品混凝土、管桩、木制品、各类幕墙、玻璃深加工、钢结构、防火材料等多个住宅部品件流水线，打造设计、制造、施工、销售一体化，还建成了住宅产业化安徽、湖北制造基地。2006年，成立"建设产业研究院"。2009年，建设产业研究院与中国建筑科学研究院合作，经科技部批准正式挂牌成立"国家建筑工程技术研究中心建筑工程与住宅产业化研究院"，致力于提升集成创新能力，形成以研究院为龙头、工厂化生产为核心、装配式施工为手段、工业化住宅为最终产品的住宅产业化发展模式。

远大住宅工业有限公司1996年开始建筑工业化的探索之路，已将工业化技术应用到酒店、写字楼、工厂、地下工程等各类型建筑中，历经多年技术研发和市场实践，已成为集研发设计、工业生产、工程施工、装备制造、开发服务为一体的建筑工业化综合型龙头企业。与传统建筑方式相比，工业化技术做到了"五节一环保"（节地20%、节材20%、节能70%、节水80%、节时70%）、五大变革（手工-机械；工地-工厂；施工-总装；农民工-产业工人；技术工人-操作工人）、三大可控（质量、进度、成本可控）。

万科集团是我国发展住宅产业化的典型代表。1999年12月，万科集团建筑研究中心成立后，"万科客户体验中心"、"万科住宅产业化企业联盟"等机构也相继问世，万科一步步在集团和各地公司建立了庞大的机构网络，并从设计标准化、生产过程工厂化、现场装配化、产业链整合等方面进行研发和推广实践。2007年，万科住宅产业化研究基地落成，并获批"国家住宅产业化基地"。万科开始了技术成果向实践转化的住宅产业化推广应用阶段，一批试点在上海、深圳、北京等地实施。

南京大地建设集团有限责任公司1998年从法国PPB国际公司引进"预制预应力混凝土装配整体式框架结构体系"的设计、生产、施工安装成套技术。在生产、施工过程中,南京大地建设集团有限责任公司、东南大学和江苏省建筑设计研究院共同对该体系在工程中的应用工艺进行了研究,形成了适合我国国情的一套完整的技术体系(包括设计软件、技术规程、图集和施工工法等),并在抗震设计、节点构造、施工安装等方面有所创新。与现浇框架相比,可显著降低梁、板结构高度,节省工程结构造价10%以上。

黑龙江宇辉建设集团2010年3月经住房和城乡建设部正式批准为"国家住宅产业化基地"。宇辉建设集团2005年开始瞄准住宅产业化发展方向,坚持走产学研相结合的创新之路,依托哈尔滨工业大学的科研力量,研发了预制装配整体式混凝土剪力墙结构技术,以及相配套的构件设计、构件预制、构件装配和施工工艺,主编了《预制混凝土剪力墙结构技术规范》省级地方标准。在此基础上,整合企业内部资源,完善产业链,在开发建设的住宅工程项目中基本实现了住宅设计标准化,构件生产工厂化,现场施工装配化,结构、保温、装饰一体化的工业化生产方式,形成了一套完整的产业系统,效益十分明显。宇辉集团采用工业化生产方式建设的住宅与传统生产方式相比,全面提升了住宅的综合质量和品质。由于采用预制装配整体式混凝土剪力墙结构技术,所有的结构构件在工厂预制,现场装配化施工,基本消除了墙体常见的渗漏、开裂、空鼓、房间尺寸偏差等质量通病,实现了主体结构精度偏差以毫米计算,偏差基本小于0.1%,室内空间舒适度也有了明显提高。与传统生产方式相比,不仅减少了人工成本,而且大大缩短了生产周期,生产效率大幅度提高,施工过程中的节能降耗效果显著,工程项目综合造价大约节省15%以上。

## 二、建筑工业化发展面临的突出问题

### (一)政策支持力度尚需加大

有效的政策支持是推动建筑工业化的重要保障。一方面,各级政府的支持政策有待进一步完善;另一方面,政策的吸引力有待提升,可操作性有待增强,如成本问题一直制约着建筑工业化的发展,针对工业化建造方式造成成本提高的问题，虽然一些地方出台了扶持激励政策，但实质性吸引力不足，政策配套不到位，执行效率有待提高。

### （二）技术支撑体系有待完善

首先，技术标准规范滞后。目前，基于建筑设计、部品部件生产、现场施工装配、竣工验收管理全过程的建筑工业化的标准体系不完善，难以吸引更多企业向工业化迈进，更难以形成产业链上的相关企业相互配合以及合作有序的产业格局，影响工业化的大规模推广，亟须建立一系列完整的建筑工业化生产、技术、管理、验收等标准，使建筑工业化从建筑设计、构件生产到施工建造一整套产业过程有标准可依。

其次，技术体系缺乏整合集成。建筑工业化技术仍以单项技术推广应用为主，缺乏有效的整合集成，难以形成完整的建筑技术体系。主体结构与建筑其他部件的工业化匹配方面存在不足，构部件产品没有形成上下贯穿的产业链，造成工业化率低，成本投入大。整体上看，建筑工业化的产业链体系还不成熟。

### （三）规模限制导致工业化效果不显著

目前，就总体建筑市场而言，工业化建造的规模比例不高，规模限制使工业化建造方式成本增加，经济效益不显著，影响了企业实施工业化建造方式的积极性。

## 三、推进建筑工业化的对策建议

国家全面深化改革的总目标对建筑业提出了转型发展的新要求，建筑工业化作为转型升级的方向之一已经越来越明朗。目前，建筑企业把转型升级作为改革发展的主线，转型升级的本质要求是由数量型向质量型、速度型向效益型、劳动密集型向科技密集型、粗放型向集约型转变，建筑工业化完全体现了建筑业转型升级的本质要求，是建筑业摆脱传统粗放型发展方式，走向集约、高效之路的必然选择，也是新型城镇化战略下建筑业发展的必然趋势。近年来，建筑业面临劳动力成本快速

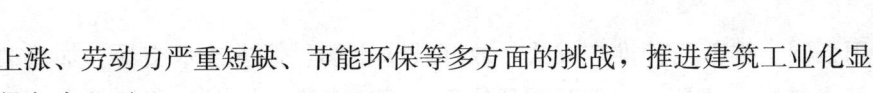

上涨、劳动力严重短缺、节能环保等多方面的挑战，推进建筑工业化显得尤为必要。

## （一）进一步发挥政策引导作用

作为建筑业转型升级的方向之一，产业扶持政策对于建筑工业化的推进尤为关键。鉴于我国建筑工业化发展仍处于初级阶段，技术创新能力不强、技术储备不足，有些关键性技术尚未突破，应通过加大财政支持力度，包括研发经费补贴，提供税收、信贷优惠政策等，提高企业发展建筑工业化技术的积极性，一定程度缓解因生产方式变革带来的成本增加。通过出台相关配套扶持政策，包括在招投标中对实施工业化生产方式的企业给予加分，在评优表彰方面优先考虑等，让企业在推进工业化过程中受益。

## （二）加快完善技术标准体系

技术标准体系的建立是建筑工业化的基础，只有技术标准体系得到完善，才能进一步建立技术保障体系，从而提高效率，保证质量，完善产业链。一是完善建筑工业化标准体系和标准实施评价监督机制，建立基于设计、部品部件生产、现场施工装配、竣工验收管理全过程的系统化、多层次、全覆盖的建筑工业化标准体系。二是加快建立促进建筑工业化的设计、施工、部品生产等环节的标准体系，推动结构件、部品、部件的标准化，丰富标准件的种类，提高通用性和可置换性。三是尽快出台工业化住宅结构体系标准。结合我国住宅建设实际和居民生活习惯选择住宅结构体系。重点发展装配式钢筋混凝土结构(包括框架结构、剪力墙结构、框架剪力墙结构、框架筒体结构等)、钢结构等，加快编制其整体结构及节点结构设计标准和施工图集，并研发计算软件。四是尽快出台工业化建筑防火、防震等相关标准。

## （三）加大技术推广应用力度

政府主管部门要不断加大技术引导力度，加强技术指导，对于已经比较成熟的工业化技术、产品、体系，分中央、地方两个层次，采用强制、推荐两种推广方式，放开技术市场，促进技术交易，加快装配式结构、部品、部件、产品体系的推广力度。同时，积极培育市场需求，如在保障性住房建设中大力推行建筑工业化，通过规模应用，降低成本、完善技术，使工业化建造方式逐步在更广泛的建筑领域得到推广。

# 附录1  住房和城乡建设部关于推进建筑业发展和改革的若干意见

建市［2014］92号

各省、自治区住房和城乡建设厅，直辖市建委（建设交通委），新疆生产建设兵团建设局：

  为深入贯彻落实党的十八大和十八届三中全会精神，推进建筑业发展和改革，保障工程质量安全，提升工程建设水平，针对当前建筑市场和工程建设管理中存在的突出问题，提出如下意见：

## 一、指导思想和发展目标

  （一）指导思想。以邓小平理论、"三个代表"重要思想、科学发展观为指导，加快完善现代市场体系，充分发挥市场在资源配置中的决定性作用和更好发挥政府作用，紧紧围绕正确处理好政府和市场关系的核心，切实转变政府职能，全面深化建筑业体制机制改革。

  （二）发展目标。简政放权，开放市场，坚持放管并重，消除市场壁垒，构建统一开放、竞争有序、诚信守法、监管有力的全国建筑市场体系；创新和改进政府对建筑市场、质量安全的监督管理机制，加强事中事后监管，强化市场和现场联动，落实各方主体责任，确保工程质量安全；转变建筑业发展方式，推进建筑产业现代化，促进建筑业健康协调可持续发展。

## 二、建立统一开放的建筑市场体系

  （三）进一步开放建筑市场。各地要严格执行国家相关法律法规，废除不利于全国建筑市场统一开放、妨碍企业公平竞争的各种规定和做法。全面清理涉及工程建设企业的各类保证金、押金等，对于没有法律

法规依据的一律取消。积极推行银行保函和诚信担保。规范备案管理，不得设置任何排斥、限制外地企业进入本地区的准入条件，不得强制外地企业参加培训或在当地成立子公司等。各地有关跨省承揽业务的具体管理要求，应当向社会公开。各地要加强外地企业准入后的监督管理，建立跨省承揽业务企业的违法违规行为处理督办、协调机制，严厉查处围标串标、转包、挂靠、违法分包等违法违规行为及质量安全事故，对于情节严重的，予以清出本地建筑市场，并在全国建筑市场监管与诚信信息发布平台曝光。

（四）推进行政审批制度改革。坚持淡化工程建设企业资质、强化个人执业资格的改革方向，探索从主要依靠资质管理等行政手段实施市场准入，逐步转变为充分发挥社会信用、工程担保、保险等市场机制的作用，实现市场优胜劣汰。加快研究修订工程建设企业资质标准和管理规定，取消部分资质类别设置，合并业务范围相近的企业资质，合理设置资质标准条件，注重对企业、人员信用状况、质量安全等指标的考核，强化资质审批后的动态监管；简政放权，推进审批权限下放，健全完善工程建设企业资质和个人执业资格审查制度；改进审批方式，推进电子化审查，加大公开公示力度。

（五）改革招标投标监管方式。调整非国有资金投资项目发包方式，试行非国有资金投资项目建设单位自主决定是否进行招标发包，是否进入有形市场开展工程交易活动，并由建设单位对选择的设计、施工等单位承担相应的责任。建设单位应当依法将工程发包给具有相应资质的承包单位，依法办理施工许可、质量安全监督等手续，确保工程建设实施活动规范有序。各地要重点加强国有资金投资项目招标投标监管，严格控制招标人设置明显高于招标项目实际需要和脱离市场实际的不合理条件，严禁以各种形式排斥或限制潜在投标人投标。要加快推进电子招标投标，进一步完善专家评标制度，加大社会监督力度，健全中标候选人公示制度，促进招标投标活动公开透明。鼓励有条件的地区探索开展标后评估。勘察、设计、监理等工程服务的招标，不得以费用作为唯一的中标条件。

（六）推进建筑市场监管信息化与诚信体系建设。加快推进全国工程建设企业、注册人员、工程项目数据库建设，印发全国统一的数据标准和管理办法。各省级住房城乡建设主管部门要建立建筑市场和工程质量安全监管一体化工作平台，动态记录工程项目各方主体市场和现场行为，有效实现建筑市场和现场的两场联动。各级住房城乡建设主管部门要进一步加大信息的公开力度，通过全国统一信息平台发布建筑市场和质量安全监管信息，及时向社会公布行政审批、工程建设过程监管、执法处罚等信息，公开曝光各类市场主体和人员的不良行为信息，形成有效的社会监督机制。各地可结合本地实际，制定完善相关法规制度，探索开展工程建设企业和从业人员的建筑市场和质量安全行为评价办法，逐步建立"守信激励、失信惩戒"的建筑市场信用环境。鼓励有条件的地区研究、试行开展社会信用评价，引导建设单位等市场各方主体通过市场化运作综合运用信用评价结果。

（七）进一步完善工程监理制度。分类指导不同投资类型工程项目监理服务模式发展。调整强制监理工程范围，选择部分地区开展试点，研究制定有能力的建设单位自主决策选择监理或其他管理模式的政策措施。具有监理资质的工程咨询服务机构开展项目管理的工程项目，可不再委托监理。推动一批有能力的监理企业做优做强。

（八）强化建设单位行为监管。全面落实建设单位项目法人责任制，强化建设单位的质量责任。建设单位不得违反工程招标投标、施工图审查、施工许可、质量安全监督及工程竣工验收等基本建设程序，不得指定分包和肢解发包，不得与承包单位签订"阴阳合同"、任意压缩合理工期和工程造价，不得以任何形式要求设计、施工、监理及其他技术咨询单位违反工程建设强制性标准，不得拖欠工程款。政府投资工程一律不得采取带资承包方式进行建设，不得将带资承包作为招标投标的条件。积极探索研究对建设单位违法行为的制约和处罚措施。各地要进一步加强对建设单位市场行为和质量安全行为的监督管理，依法加大对建设单位违法违规行为的处罚力度，并将其不良行为在全国建筑市场监管与诚信信息发布平台曝光。

（九）建立与市场经济相适应的工程造价体系。逐步统一各行业、各地区的工程计价规则，服务建筑市场。健全工程量清单和定额体系，满足建设工程全过程不同设计深度、不同复杂程度、多种承包方式的计价需要。全面推行清单计价制度，建立与市场相适应的定额管理机制，构建多元化的工程造价信息服务方式，清理调整与市场不符的各类计价依据，充分发挥造价咨询企业等第三方专业服务作用，为市场决定工程造价提供保障。建立国家工程造价数据库，发布指标指数，提升造价信息服务。推行工程造价全过程咨询服务，强化国有投资工程造价监管。

### 三、强化工程质量安全管理

（十）加强勘察设计质量监管。进一步落实和强化施工图设计文件审查制度，推动勘察设计企业强化内部质量管控能力。健全勘察项目负责人对勘察全过程成果质量负责制度。推行勘察现场作业人员持证上岗制度。推动采用信息化手段加强勘察质量管理。研究建立重大设计变更管理制度。推行建筑工程设计使用年限告知制度。推行工程设计责任保险制度。

（十一）落实各方主体的工程质量责任。完善工程质量终身责任制，落实参建各方主体责任。落实工程质量抽查巡查制度，推进实施分类监管和差别化监管。完善工程质量事故质量问题查处通报制度，强化质量责任追究和处罚。健全工程质量激励机制，营造"优质优价"市场环境。规范工程质量保证金管理，积极探索试行工程质量保险制度，对已实行工程质量保险的工程，不再预留质量保证金。

（十二）完善工程质量检测制度。落实工程质量检测责任，提高施工企业质量检验能力。整顿规范工程质量检测市场，加强检测过程和检测行为监管，加大对虚假报告等违法违规行为处罚力度。建立健全政府对工程质量监督抽测制度，鼓励各地采取政府购买服务等方式加强监督检测。

（十三）推进质量安全标准化建设。深入推进项目经理责任制，不断提升项目质量安全水平。开展工程质量管理标准化活动，推行质量行为标准化和实体质量控制标准化。推动企业完善质量保证体系，加强对工程项目的质量管理，落实质量员等施工现场专业人员职责，强化过程质量控制。深入开展住宅工程质量常见问题专项治理，全面推行样板引路制度。全面推进建筑施工安全生产标准化建设,落实建筑施工安全生产标准化考评制度,项目安全标准化考评结果作为企业标准化考评的主要依据。

(十四)推动建筑施工安全专项治理。研究探索建筑起重机械和模板支架租赁、安装(搭设)、使用、拆除、维护保养一体化管理模式,提升起重机械、模板支架专业化管理水平。规范起重机械安装拆卸工、架子工等特种作业人员安全考核,提高从业人员安全操作技能。持续开展建筑起重机械、模板支架安全专项治理,有效遏制群死群伤事故发生。

(十五)强化施工安全监督。完善企业安全生产许可制度,以企业承建项目安全管理状况为安全生产许可延期审查重点,加强企业安全生产许可的动态管理。鼓励地方探索实施企业和人员安全生产动态扣分制度。完善企业安全生产费用保障机制,在招标时将安全生产费用单列,不得竞价,保障安全生产投入,规范安全生产费用的提取、使用和管理。加强企业对作业人员安全生产意识和技能培训,提高施工现场安全管理水平。加大安全隐患排查力度,依法处罚事故责任单位和责任人员。完善建筑施工安全监督制度和安全监管绩效考核机制。支持监管力量不足的地区探索以政府购买服务方式,委托具备能力的专业社会机构作为安全监督机构辅助力量。建立城市轨道交通等重大工程安全风险管理制度,推动建设单位对重大工程实行全过程安全风险管理,落实风险防控投入。鼓励建设单位聘用专业化社会机构提供安全风险管理咨询服务。

## 四、促进建筑业发展方式转变

(十六)推动建筑产业现代化。统筹规划建筑产业现代化发展目标和路径。推动建筑产业现代化结构体系、建筑设计、部品构件配件生产、施工、主体装修集成等方面的关键技术研究与应用。制定完善有关设计、施工和验收标准,组织编制相应标准设计图集,指导建立标准化部品构件体系。建立适应建筑产业现代化发展的工程质量安全监管制度。鼓励各地制定建筑产业现代化发展规划以及财政、金融、税收、土地等方面激励政策,培育建筑产业现代化龙头企业,鼓励建设、勘察、设计、施工、构件生产和科研等单位建立产业联盟。进一步发挥政府投资项目的试点示范引导作用并适时扩大试点范围，积极稳妥推进建筑产业现代化。

（十七）构建有利于形成建筑产业工人队伍的长效机制。建立以市场为导向、以关键岗位自有工人为骨干、劳务分包为主要用工来源、劳务派遣为临时用工补充的多元化建筑用工方式。施工总承包企业和专业承包企业要拥有一定数量的技术骨干工人，鼓励施工总承包企业拥有独资或控股的施工劳务企业。充分利用各类职业培训资源，建立多层次的劳务人员培训体系。大力推进建筑劳务基地化建设，坚持"先培训后输出、先持证后上岗"的原则。进一步落实持证上岗制度，从事关键技术工种的劳务人员，应取得相应证书后方可上岗作业。落实企业责任，保障劳务人员的合法权益。推行建筑劳务实名制管理，逐步实现建筑劳务人员信息化管理。

（十八）提升建筑设计水平。坚持以人为本、安全集约、生态环保、传承创新的理念，树立文化自信，鼓励建筑设计创作。树立设计企业是创新主体的意识，提倡精品设计。鼓励开展城市设计工作，加强建筑设计与城市规划间的衔接。探索放开建筑工程方案设计资质准入限制，鼓励相关专业人员和机构积极参与建筑设计方案竞选。完善建筑设计方案竞选制度，建立完善大型公共建筑方案公众参与和专家辅助决策机制，在方案评审中，重视设计方案文化内涵审查。加强建筑设计人才队伍建设，着力培养一批高层次创新人才。开展设计评优，激发建筑设计人员的创作激情。探索研究大型公共建筑设计后评估制度。

（十九）加大工程总承包推行力度。倡导工程建设项目采用工程总承包模式，鼓励有实力的工程设计和施工企业开展工程总承包业务。推动建立适合工程总承包发展的招标投标和工程建设管理机制，调整现行招标投标、施工许可、现场执法检查、竣工验收备案等环节管理制度，为推行工程总承包创造政策环境。工程总承包合同中涵盖的设计、施工业务可以不再通过公开招标方式确定分包单位。

（二十）提升建筑业技术能力。完善以工法和专有技术成果、试点示范工程为抓手的技术转移与推广机制，依法保护知识产权。积极推动以节能环保为特征的绿色建造技术的应用。推进建筑信息模型(BIM)等信息技术在工程设计、施工和运行维护全过程的应用,提高综合效益。推广建筑工程减隔震技术。探索开展白图替代蓝图、数字化审图等工作。建立技术研究应用与标准制定有效衔接的机制,促进建筑业科技成果转化,加快先进适用技术的推广应用。加大复合型、创新型人才培养力度。推动建筑领域国际技术交流合作。

## 五、加强建筑业发展和改革工作的组织和实施

(二十一)加强组织领导。各地要高度重视建筑业发展和改革工作,加强领导、明确责任、统筹安排,研究制定工作方案,不断完善相关法规制度,推进各项制度措施落实,及时解决发展和改革中遇到的困难和问题,整体推进建筑业发展和改革的不断深化。

(二十二)积极开展试点。各地要结合本地实际组织开展相关试点工作,把试点工作与推动本地区工作结合起来,及时分析试点进展情况,认真总结试点经验,研究解决试点中出现的问题,在条件成熟时向全国推广。要加大宣传推动力度,调动全行业和社会各方力量,共同推进建筑业的发展和改革。

(二十三)加强协会能力建设和行业自律。充分发挥协会在规范行业秩序、建立行业从业人员行为准则、促进企业诚信经营等方面的行业自律作用,提高协会在促进行业技术进步、提升行业管理水平、反映企业诉求、提出政策建议等方面的服务能力。鼓励行业协会研究制定非政府投资工程咨询服务类收费行业参考价,抵制恶意低价、不合理低价竞争行为,维护行业发展利益。

中华人民共和国住房和城乡建设部<br>2014 年 7 月 1 日

# 附录2  改革开放以来建筑业重大改革政策措施回顾

## 一、建筑业

邓小平同志早在1980年就提出了建筑业应成为国民经济支柱产业的问题。他说:"从多数资本主义国家看,建筑业是国民经济的三大支柱之一,这不是没有道理的。过去我们很不重视建筑业,只把它看成是消费领域的问题。建设起来的住宅,当然是为人民生活服务的。但是,这种消费资料的部门,也是发展生产、增加收入的重要产业部门。要改变一个观念,就是认为建筑业是赔钱的。应该看到,建筑业是可以赚钱的,是可以为国家增加收入、增加积累的一个重要产业部门,要不然,就不能说明为什么资本主义国家把它作为经济的三大支柱之一。所以,在长期规划中,必须把建筑业放在重要地位。"之后,党和国家领导人又在多次重要会议上贯彻了邓小平同志的这一指导思想,反复强调要把建筑业办成支柱产业。1992年10月,江泽民总书记在党的十四大的报告中,再次明确提出:"振兴机械电子、石油化工、汽车制造和建筑业,使它们成为国民经济的支柱产业。"

1984年9月,国务院下发《国务院关于改革建筑业和基本建设管理体制若干问题的暂行规定》(国发[1984]123号),共提出16条改革意见:1. 全面推行建设项目投资包干责任制。2. 大力推行工程招标承包制。要改革单纯用行政手段分配建设任务的老办法,实行招标投标。由发包单位择优选定勘察设计单位、建筑安装企业。3. 建立工程承包公司,专门组织工业交通等生产性项目的建设。4. 建立城市综合开发公司,对城市土地、房屋实行综合开发。5. 勘察设计要向企业化、社会化方向发展,全面推行技术经济承包责任制。6. 实行鼓励承包单位节约投资,提前投产的政策。7. 建筑安装企业要普遍推行百元产值工资含量包干。8. 改革建设资金的管理办法。国家投资的建设项目,都要按照资金有偿使用的原则,改财政拨款为银行贷款。9. 改革建筑材料供应方式,逐步由物资部门将材料直接供应给工程承包单位,由工程承包单位实行包工包料。10. 改革设备供应办法。11. 改革现行的项目审批程序。简化审批手续,下放审批权限,减少环节,提高效率。12. 全民所有制的建筑业,要保留一支技术水平高、战斗力强的骨干队伍,同时允许集体和个人兴办建筑业,允许持有营业执照的建筑队参加投标竞争,承包施工任务,也允许国营建筑企业与集体建筑企业联合承包。13. 改革建筑安装企业的用工制度。国营建筑安装企业,要逐步减少固定工的比例。今后,除必需的技术骨干外,原则上不再招收固定工,积极推行劳动合同制,增加合同工的比重。14. 推行住宅商品化。15. 实行征地由地方政府统一负责的办法。16. 改革工程质量监督办法。大中型工业、交通建设项目,由建设单位负责监督检查;对一般民用项目,在地方政府领导下,按城市建立有权威的工程质量监督机构,根据有关法规和技术标准,对本地区的工程质量进行监督检查。该机构实行企业化管理,向委托单位收取一定的监督和检测费用。

1984年11月,国家计划委员会、城乡建设环境保护部印发《建设工程招标投标暂行规定》(计施[1984]2410号)。《暂行规定》要求,列入国家、部门和地区计划的建设工程,除某些不适宜招标的特殊工程外,均按本规定进行招标。凡持有营业执照、资格证书的勘察设计单位、建筑安装企业、工程承包公司、城市建设综合开发公司,不论国营的还是集体的,均可参加投标。建设工程招标形式包括:全过程招标;勘察设计招标;材料、设备供应招标;工程施工招标。招标采取的方式有:公开招标;邀请招标。《暂行规定》还要求,确定中标企业的主要依据是标价合理、能保证质量和工期,经济效益好,社会信誉高。确定中标企业后,双方应在一个月内签订承发包合同。借故拒绝签订合同的招标或中标企业,要赔偿由此而给对方造成的经济损失。

1985年2月,城乡建设环境保护部印发《建筑工程质量监督站工作暂行规定》((85)城建字第63号)。《暂行规定》指出,市、县建筑工程质量监督站(以下简称监督站)是在当地政府领导下履行工程质量监督的专职机构。《暂行规定》要求,质量监督人员按施工面积三至四万平方米配备一人，但每个监督站的专职监督人员不得少于三人。凡监督站直接监督的工程，筹建单位必须在申请开工执照前向监督站提交质量监督委托书，并同时提交全套施工图纸；工程地质勘察报告书；施工合同副本；筹建单位供料的工程，还需要交进场的原材料检验报告单（复印抄件）。监督站在接受委托后，于一周内确定监督该项工程的监督员，并通知筹建和设计与施工单位。竣工单位工程质量等级的核验，由施工单位于前十天通知监督站。筹建单位和构件厂应向市、县监督站交纳监督费。《暂行规定》还要求，建筑工程发生重大质量事故时，施工单位必须在事故发生后二十四小时内向监督站报告，施工、设计单位应会同筹建单位尽快提出事故调查报告和处理方案，经监督站同意后方许施工。一般工程质量事故，由施工或设计单位提出处理方案，在取得筹建单位同意后，由施工单位负责处理，并报送监督站备案。经监督站核验质量为不合格的单位工程，施工单位除必须进行返修和加固补强直至保证结构安全和使用功能外，并向筹建单位按当地规定交付罚款。

1986年2月，国务院批转国家计划委员会、劳动人事部、城乡建设环境保护部、财政部、中国人民银行《国营建筑施工企业百元产值工资含量包干试行办法》（国发〔1986〕20号）。《试行办法》规定，实行工资含量包干企业的工资含量包干系数和工资总额计划按分级管理原则分别核定。国务院各部门和各省、自治区、直辖市，在国家下达的工资含量包干综合系数和工资总额计划范围内，负责核定所属建筑施工企业的工资含量包干系数和工资总额计划。在计划执行过程中，上级核定的工资含量包干系数不准突破，工资总额可随实际完成的产值和规定的挂钩考核指标的完成情况浮动。国务院各部门和各省、自治区、直辖市主管部门要以预算定额和取费标准中的工资含量作为主要依据，制定不同类型的建筑安装工程（单位工程或单项工程）的产值工资含量定额，以此为基础核定企业工资含量包干系数。国务院各部门和各省、自治区、直辖市，在核定建筑施工企业的工资含量包干系数时要同时下达工程质量、工期（竣工率）、产值利润率、安全生产等几项主要经济技术指标。完不成这些指标的，要相应扣减一定的工资含量包干系数额度。

1986年4月，城乡建设环境保护部印发《建筑安装工程总分包实施办法》（(86)城建字第180号）。《实施办法》规定，总包单位必须自行完成建设项目（或单项、单位工程）的主要部分，其非主要部分或专业性较强的工程可分包给营业条件符合该工程技术要求的建筑安装单位。结构和技术要求相同的群体工程，总包单位应自行完成半数以上的单位工程。分包单位必须自行完成分包工程，不得再行分包。实行总分包的工程，由总包单位对工程的工期、质量、造价和交付使用后的保修向发包单位负责。分包单位按合同规定，对其分包的工程向总包单位负责。总分包单位之间的责任应在合同中明确规定。建筑企业是直接进行施工的单位，只能按本办法规定进行工程总分包，不得转包工程。

1987年10月，国家计委、财政部、中国人民建设银行联合印发了《关于改革国营施工企业经营机制的若干规定》（计施〔1987〕1806号），提出为适应招标竞争的需要，促进施工企业改善经营管理，从1988年1月1日开始，施工企业实行计划利润（取消原来的2.5％法定利润），利润率暂按工程直接费与间接费之和的7％计算。企业因此而增加的收入，应用于发展生产，增添技术装备。实行计划利润后，不再计取法定利润和技术装备费。

1987年7月，国家计委等五部委联合下发《关于批准第一批推广鲁布革工程管理经验试点企业有关问题的通知》（计施(1987)2002号），确立了施工管理体制改革的总目标，即有步骤地调整改组施工企业，逐步建立以智力密集型的工程总承包公司（集团）为"龙头"，以专业施工企业和农村建筑队为依托，全民与集体，总包与分包，前方与后方，分工协作，互为补充，具有中国特色的工程建设企业组织结构。提出了推广项目法施工，施工企业实行管理层和劳务层"两层分离"。文件批准了第一批18家试点企业。1990年10月，建设部、国家计委等五部委下发了《关于进一步做好推广鲁布革工程管理经验创建工程总承包企业进行综合改革试点工作的通知》（(90)建施字第511号），将工程总承包试点企业扩大到50家。1991年9月，建设部提出了《关于加强分类指导、专题突破、分步实施全面深化施工管理体制综合改革试点工作的指导意见》，把试点工作转变为全行业推进的综合改革。

1989年6月,建设部印发《施工企业资质管理规定》(建设部令第2号),将施工企业分为一、二、三、四4个等级和非等级企业。1995年10月、2001年4月、2007年6月,先后根据形势发展进行了修订(建设部令第48号、87号、159号),形成《建筑业企业资质管理规定》。建筑业企业资质分为施工总承包、专业分包和劳务分包三个序列,施工总承包资质、专业分包资质、劳务分包资质序列按照工程性质和技术特点分别划分为若干资质类别。各资质类别按照规定的条件划分为若干资质等级。

1989年11月,建设部印发了《施工企业实行工法制度的试行管理办法》((89)建施字第546号),提出为提高我国施工企业的技术素质和管理水平,促进企业进行技术积累和技术跟踪,调动广大职工研究开发和推广应用施工新技术的积极性,逐步形成使科研成果迅速转化为生产力的施工技术管理新机制,决定在全国施工企业中逐步实行工法制度。1996年3月,建设部修订印发了《建筑施工企业工法管理办法》(建建[1996]163号)。

1994年10月,全国建筑业工作会议在北京召开。建设部根据建筑业存在的问题和发展的影响因素,明确提出了建筑市场治乱、工程质量治差、企业管理治散和工程造价求合理的"三治一求",坚持"六个二"(即按照两个根本转变的要求,本着对人民、对历史高度负责精神,加强政府的监督管理和企业的责任制,一手抓建筑市场、一手抓施工现场,覆盖到每个工程和工程实施的全过程,做到消除质量通病和不合格产品)的指导思想。李鹏总理写信给侯捷部长,对建设部的这一重大举措,十分赞赏,要求认真抓好这项工作。

2005年7月,建设部、国家发展和改革委员会、财政部、劳动和社会保障部、商务部、国务院国有资产监督管理委员会联合印发《关于加快建筑业改革与发展的若干意见》(建质[2005]119号)。《若干意见》明确了建筑业改革与发展的指导思想和目标,强调在政府宏观指导下充分发挥市场配置资源的基础作用,按照我国入世承诺,建立健全现代市场体制。《意见》提出要加快企业产权制度改革,实现体制机制创新;优化产业结构,适应市场发展需求;发展壮大优势企业,积极参与国际竞争;加强技术创新,转变经济增长方式;大力发展劳务分包企业,抓好农民工培训教育;完善工程建设标准体系,建立市场形成造价机制;改革政府投资工程建设方式,提高建设项目投资效益;创新政府监管体制,维护良好的市场环境。

## 二、勘察设计

1979年,中共中央、国务院中发〔1979〕33号批转国家建委党组《关于改进当前基本建设工作的若干意见》指出"勘察设计单位现在绝大部分是事业费开支,要逐步实现企业化,收取勘察设计费"。随后在中央及地方部分勘察设计单位开始了企业化和勘察设计取费试点工作,拉开了改革序幕。

1980年3月,国家基本建设委员会印发《全国勘察设计单位进行登记和颁发证书的暂行办法》((80)建发设字100号),这是新中国成立后第一次在全国范围内对工程勘察设计单位进行资格认证。

1984年11月,《国务院批转国家计委关于工程设计改革的几点意见的通知》,要求国营勘察设计单位实行企业化,增加勘察设计单位的活力,规定"勘察设计向企业化、社会化方向发展,全面推行技术经济承包责任制"。从此,勘察设计单位作为事业单位实行企业化经营,全行业取消事业费,按照国家规定收取勘察设计费,独立核算,自负盈亏,并在全行业推开。

1986年6月30日,国家计委颁布的《全国工程勘察、设计单位资格认证管理暂行办法》规定,我国的工程勘察、设计单位,必须经过资格认证,获得工程勘察证书或工程设计证书,才能承担工程勘察任务或工程设计任务。证书等级分为甲、乙、丙、丁四级。

1991年,建设部颁布《工程勘察和工程设计单位资格管理办法》。

1997年12月23日,建设部颁布《建设工程勘察和设计单位资质管理规定》(建设部令第60号)。

1999年12月、2000年10月,国务院办公厅先后下发《关于工程勘察设计单位体制改革的若干意见》(国办发〔1999〕101号)、《国务院办公厅转发建设部等部门关于中央所属工程勘察设计单位体制改革实施方案的通知》（国办发〔2007〕1号）两个文件，明确了勘察设计单位由事业单位改为科技型企业、逐步建立现代企业制度的改革方向和目标，并具体规定了体制改革的基本原则、方案、配套政策和组织领导。

2001年7月25日，建设部颁布《建设工程勘察设计企业资质管理规定》（建设部令第93号）。

2007年6月26日，建设部颁布的《建设工程勘察设计资质管理规定》（建设部令第160号）将工程勘察资质分为工程勘察综合资质、工程勘察专业资质、工程勘察劳务资质。工程设计资质分为工程设计综合资质、工程设计行业资质、工程设计专业资质和工程设计专项资质。根据不同资质类别，设立相应等级。确立了勘察设计企业的资质体系，引导企业在相应位置就位，形成行业合理的组织结构。

### 三、工程总承包

1992年4月，建设部印发《工程总承包企业资质管理暂行规定（试行）》（建施〔1992〕189号）。《暂行规定》将工程总承包企业按照资质分为三级，要求各级工程总承包企业必须在其资质登记的营业范围内总承包。

1993年6月，建设部下发《关于开展工程总承包资质就位工作的通知》。

1995年6月，建设部颁发《工程总承包企业资质等级标准》，以加快工程总承包企业发展，实现企业组织结构调整。

2003年2月，建设部印发的《关于培育发展工程总承包和工程项目管理企业的指导意见》（建市〔2003〕30号）规定，凡是具有勘察、设计资质或施工总承包资质的企业都可以在企业等级许可的范围内开展工程总承包和项目管理业务。

### 四、建设监理

1988年7月，建设部印发《关于开展建设监理工作的通知》（（88）建建字第142号），标志着我国建设监理制度开始建立。《通知》明确了建设监理的范围和对象。监理工作，主要是对建设市场的监理，对工程建设实施的监理。其对象，包括新建、改建和扩建的各种工程项目。政府和公有制企事业单位投资的工程以及外资、中外合资建设项目，一般都要实行招标承包制和建设监理，其他所有制单位投资的工程，也要引导实行这两种制度。《通知》也明确了政府建设监理的管理机构及职能。关于社会建设监理组织和监理内容，《通知》规定，建设监理组织是受业主委托执行监理任务的企事业单位，其形式可以多种多样。符合监理条件的工程设计、科学研究和工程咨询等单位，可以兼营。符合监理资质的工程技术与管理人员，以及建设项目筹建机构，可以自愿组成独立的建设监理公司或建设监理事务所进行专营。无论哪种形式的监理组织，都要经政府建设监理管理机构审查批准，发给监理资格证书，划定监理业务范围，到工商行政管理部门申请注册开业。然后，通过竞争取得工程监理业务，并与委托单位签订监理合同，确定监理内容和收费办法。工程监理的内容，可以是全过程的，也可以是勘察、设计、施工、设备制造等的某个阶段。监理依据主要是工程合同和国家的方针、政策及技术、经济法规。一个建设项目，可以委托一个监理组织实施监理，也可以委托几个监理组织进行监理。

1989年7月，建设部印发《建设监理试行规定》（(89)建建字第84号）。《试行规定》提出，建设监理包括政府监理和社会监理。政府监理是指政府建设主管部门对建设单位的建设行为实施的强制性监理和对社会监理单位实行的监督管理。社会监理是指社会监理单位受建设单位的委托，对工程建设实施的监理。社会监理单位称谓工程建设监理公司或工程建设监理事务所。《试行规定》要求，工程建设监理公司和工程建设监理事务所开业，必须经政府建设主管部门审批资格，发给资格证书，确定监理范围，再向同级工商行政管理机关申请注册登记，领取营业执照。符合监理条件的独立的工程设计、科学研究、工程建设咨询等单位，可以兼承监理业务，但必须经政府建设主管部门批准，取得资格证书。监理单位承担的监理业务，可以由建设单位直接指名委托，或者由建设单位通过竞争方式择优委托。建设单位可根据需要，委托一个监理单位承担工程建设项目全部或部分阶段的监理，也可委托几个监理单位承担不同阶段的监理。

## 五、注册执业资格

### （一）注册建筑师

1994年9月，建设部颁布《关于建立注册建筑师制度及有关工作的通知》（建设［1994］598号），在我国实行注册建筑师制度。

1995年9月，国务院颁布《中华人民共和国注册建筑师条例》（国务院令第184号）。《条例》规定，注册建筑师分为一级注册建筑师和二级注册建筑师。国家实行注册建筑师全国统一考试制度。注册建筑师考试合格，取得相应的注册建筑师资格的，可以申请注册。

1996年7月，建设部颁布《中华人民共和国注册建筑师条例实施细则》（建设部令第52号）。

2008年1月29日，建设部颁布《中华人民共和国注册建筑师条例实施细则》（建设部令第167号）。

### （二）注册工程师

1997年9月，建设部、人事部颁布《关于印发〈注册结构工程师执业资格制度暂行规定〉的通知》（建设［1997］222号），在我国勘察设计行业实行注册工程师执业资格制度。

2005年2月，建设部颁布《勘察设计注册工程师管理规定》（建设部令第137号）。

### （三）注册监理工程师

1991年3月，建设部和人事部共同确认了首批100名监理工程师的执业资格，标志着我国建设领域首次建立了执业资格制度。

1992年6月，建设部颁布《监理工程师资格考试和注册试行办法》（建设部令第18号）。

2006年1月26日，建设部颁布《注册监理工程师管理规定》（建设部令第147号）。

### (四) 注册建造师

2002年12月，人事部、建设部联合印发《关于印发〈建造师执业资格制度暂行规定〉的通知》（人发［2002］111号），决定对建设工程项目总承包及施工管理的专业技术人员实行建造师执业资格制度。

2006年12月28日，建设部颁布《注册建造师管理规定》（建设部令第153号）。

## 六、法律、法规

1997年11月1日颁布《中华人民共和国建筑法》（中华人民共和国主席令第91号），自1998年3月1日起施行。

2000年9月25日颁布施行《建设工程勘察设计管理条例》（国务院令第293号）。

2001年1月30日颁布施行《建设工程质量管理条例》（国务院令第279号）。

2003年11月24日颁布《建设工程安全生产管理条例》（国务院令第393号），自2004年2月1日起施行。

## 附录3 2013～2014年建筑业最新政策法规概览

1. 2013年12月11日，住房和城乡建设部印发《建筑工程施工发包与承包计价管理办法》（住房和城乡建设部令第16号）。《管理办法》规定，全部使用国有资金投资或者以国有资金投资为主的建筑工程（以下简称国有资金投资的建筑工程），应当采用工程量清单计价；非国有资金投资的建筑工程，鼓励采用工程量清单计价。国有资金投资的建筑工程招标的，应当设有最高投标限价；非国有资金投资的建筑工程招标的，可以设有最高投标限价或者招标标底。最高投标限价应当依据工程量清单、工程计价有关规定和市场价格信息等编制。招标人设有最高投标限价的，应当在招标时公布最高投标限价的总价，以及各单位工程的分部分项工程费、措施项目费、其他项目费、规费和税金。投标报价不得低于工程成本，不得高于最高投标限价。投标报价低于工程成本或者高于最高投标限价总价的，评标委员会应当否决投标人的投标。《管理办法》要求，招标人与中标人应当根据中标价订立合同。不实行招标投标的工程由发承包双方协商订立合同。合同价款的有关事项由发承包双方约定，一般包括合同价款约定方式，预付工程款、工程进度款、工程竣工价款的支付和结算方式，以及合同价款的调整情形等。发承包双方在确定合同价款时，应当考虑市场环境和生产要素价格变化对合同价款的影响。《管理办法》还规定，发承包双方应当根据国务院住房城乡建设主管部门和省、自治区、直辖市人民政府住房城乡建设主管部门的规定，结合工程款、建设工期等情况在合同中约定预付工程款的具体事宜。预付工程款按照合同价款或者年度工程计划额度的一定比例确定和支付，并在工程进度款中予以抵扣。发承包双方应当按照合同约定，定期或者按照工程进度分段进行工程款结算和支付。工程竣工结算文件经发承包双方签字确认的，应当作为工程决算的依据，未经对方同意，另一方不得就已生效的竣工结算文件委托工程造价咨询企业重复审核。发

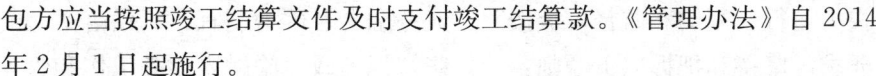

包方应当按照竣工结算文件及时支付竣工结算款。《管理办法》自2014年2月1日起施行。

2. 2013年10月24日，住房和城乡建设部印发《住房城乡建设部关于深入开展全国工程质量专项治理工作的通知》（建质〔2013〕149号），决定用五年左右时间，在全国集中深入开展工程质量专项治理工作。专项治理工作包括房屋建筑工程勘察设计质量专项治理和住宅工程质量常见问题专项治理两方面内容。《通知》要求，各级住房和城乡建设主管部门要充分认识深入开展工程质量专项治理工作的重要性和紧迫性，加强组织领导，强化综合治理，按照《房屋建筑工程勘察设计质量专项治理工作方案》和《住宅工程质量常见问题专项治理工作方案》的要求，结合实际制定本地区专项治理具体工作方案，明确阶段工作目标，突出治理重点，采取有效措施，认真组织开展治理工作，确保专项治理工作取得实效，促进全国工程质量水平的不断提高。

3. 2013年12月2日，住房和城乡建设部印发《房屋建筑和市政基础设施工程竣工验收规定》（建质〔2013〕171号）。《规定》要求，工程竣工验收由建设单位负责组织实施。《规定》对工程竣工验收的条件和程序提出了要求。《规定》强调，工程竣工验收合格后，建设单位应当及时提出工程竣工验收报告。工程竣工验收报告主要包括工程概况，建设单位执行基本建设程序情况，对工程勘察、设计、施工、监理等方面的评价，工程竣工验收时间、程序、内容和组织形式，工程竣工验收意见等内容。负责监督该工程的工程质量监督机构应当对工程竣工验收的组织形式、验收程序、执行验收标准等情况进行现场监督，发现有违反建设工程质量管理规定行为的，责令改正，并将对工程竣工验收的监督情况作为工程质量监督报告的重要内容。建设单位应当自工程竣工验收合格之日起15日内，依照《房屋建筑和市政基础设施工程竣工验收备案管理办法》（住房和城乡建设部令第2号）的规定，向工程所在地的县级以上地方人民政府建设主管部门备案。

4. 2013年12月17日，住房和城乡建设部印发《关于建筑市场监管廉政风险防控工作的指导意见》（建市〔2013〕186号）。《指导意见》指出，加强建筑市场监管廉政风险防控，推进权力公开透明运行，健全权力运行、制约和监督，应按照"业务融合、因地制宜、责任落实"的要求，坚持和把握以下原则：一是坚持把廉政风险融入业务工作和管理流程的原则，将廉政风险点防控设置到相应的业务环节中，并做到所有监管业务的全覆盖。二是坚持因地制宜，各地应结合本地区建筑业发展实际和建筑市场监管特点，有针对性的合理确定工作目标。三是要坚持把廉政风险防控机制建设融入落实党风廉政建设责任制之中，加强领导，扎实推进，把工作落到实处。《指导意见》要求，各省（区、市）住房城乡建设主管部门要对本地区建筑市场监管部门的各种权利事项、岗位职责、业务内容进行全面梳理，参照建筑市场监管法规政策制定、资质资格审批、动态监管及行政处罚等重点环节流程图，结合本地建筑市场监管工作实际，绘制"权力运行流程图"，明确办理主体、条件、程序、期限和监督方式等。采取自查自找、群众评议、公开征求意见等方式，全面细致排查廉政风险，重点查找工程项目招投标、施工许可、资质资格审查、企业跨省承揽业务、违法违规行为处罚通报等权力集中、自由裁量权幅度大的岗位和监管工作环节的廉政风险。对排查出的风险点，制定针对性强、可操作性高、切实有效的防控措施，通过文件、网络等形式向社会公开。《指导意见》要求重点开展拟定建筑市场监管法规政策、资质资格审查、招投标监管、施工许可管理、跨省承揽业务管理、合同管理、动态监管、诚信体系建设等环节的廉政风险防控工作。

5. 2014年3月3日，住房和城乡建设部印发《住房城乡建设部关于进一步加强工程建设标准实施监督工作的指导意见》（建标〔2014〕32号）。《指导意见》要求，按照国家经济社会发展的决策部署，围绕经济结构调整、产业转型升级、节能减排、保障民生等重点领域，明确本行业、本地区标准实施的重点目标和任务。充分发挥重点标准实施的试点、示范和引领作用。建立工程建设标准化管理机构和相关监管机构共同参与、协同配合的工作机制，以强制性标准为重点，制定年度监督检查计划，开展标准实施情况专项检查或抽查，依法对违反强制性标准的行为进行处罚，及时通报监督检查结果，实现标准监督检查工作常态化。《指导意见》还要求，畅通标准实施信息反馈渠道，广泛收集建设活动各方责任主体、相关监管机构和社会公众对标准实施的意见、建议，及时进行分类整理，提出处理意见。要定期开展综合分析，重点对标准制定提出建议，形成标准制定、实施和监督的联动机制。在有条件的地区或行业，开展标准实施监督信息化工作试点，利用信息化手段，在标准实施过程和关键环节，探索标准实施的达标判断、实时监控、责任绑定和追溯。将各方责任主体执行强制性标准情况记入单位和个人诚信档案，作为评定个人和企业（单位）从事工程建设活动诚信的重要依据。《指导意见》还提出，加强标准解释咨询工作，加大标准宣贯培训力度，规范标准备案管理，逐步建立标准实施情况评估制度，加强施工现场标准员管理。

6. 2014年3月12日，住房和城乡建设部印发《城市轨道交通建设工程质量安全事故应急预案管理办法》（建质［2014］34号）。《管理办法》规定，应急预案体系包括综合应急预案、工程项目应急预案和现场处置方案。建设主管部门应当编制本部门综合应急预案；建设单位应当编制本单位综合应急预案，并按照影响工程周边环境事故类别编制工程项目应急预案；施工单位应当编制所承担工程项目的综合应急预案，并按工程事故、影响周边环境事故类别编制工程项目应急预案，同时制定事故现场处置方案。建设主管部门、建设单位、施工单位应当对各自编制的综合应急预案组织评审。应急预案发布后，编制单位应当将预案送达预案涉及的其他部门和单位。《管理办法》还规定，建设主管部门、建设单位、施工单位应当制定应急预案演练计划，结合实际情况定期组织预案演练。建设主管部门每3年至少组织一次综合应急预案演练；建设单位、施工单位应当有针对性地经常组织开展应急演练，每年至少组织一次，视情况可加大演练频次。建设主管部门、建设单位、施工单位应当对应急预案演练进行评估，并针对演练过程中发现的问题，对应急预案提出修订意见。鼓励委托第三方进行演练评估。建设单位、施工单位应当定期开展应急预案和相关知识的培训，至少每年组织一次，并留存培训记录。应急预案培训应覆盖预案所涉及的相关单位和人员。建设主管部门应当监督检查培训开展情况。应急预案编制单位应当建立定期评估制度，分析评价预案内容的针对性、实用性和可操作性，实现应急预案的动态优化和科学规范管理。

7. 2014年3月27日，住房和城乡建设部印发《城市轨道交通建设工程验收管理暂行办法》（建质〔2014〕42号）。《暂行办法》明确，国务院住房城乡建设主管部门对全国城市轨道交通建设工程验收实施统一监督管理。县级以上地方人民政府住房城乡建设主管部门负责本行政区域内城市轨道交通建设工程验收的监督管理，具体工作可委托所属工程质量监督机构实施。县级以上地方人民政府有关部门按照法律法规规定负责相关的专项验收。《暂行办法》规定，城市轨道交通建设工程验收分为单位工程验收、项目工程验收、竣工验收三个阶段。城市轨道交通建设工程所包含的单位工程验收合格且通过相关专项验收后，方可组织项目工程验收；项目工程验收合格后，建设单位应组织不载客试运行，试运行三个月、并通过全部专项验收后，方可组织竣工验收；竣工验收合格后，城市轨道交通建设工程可履行相关试运营手续。参与工程验收的建设、勘察、设计、施工、监理等各方不能形成一致意见时，应当协商提出解决的方法，待意见一致后，重新组织验收。住房城乡建设主管部门或其委托的工程质量监督机构应当对各验收阶段的组织形式、验收程序、执行验收标准等情况进行现场监督，发现有违反建设工程质量安全管理规定行为的，责令改正，并出具验收监督意见。《暂行办法》要求，施工单位应在竣工验收合格后，签订工程质量保修书，自竣工验收合格之日开始履行质保义务。建设单位应在竣工验收合格之日起15个工作日内，将竣工验收报告和相关文件，报城市建设主管部门备案。

8. 2014年5月4日，住房和城乡建设部印发《住房城乡建设部关于开展建筑业改革发展试点工作的通知》（建市〔2014〕64号）。《通知》决定在部分省市先行开展建筑市场监管综合试点、建筑劳务用工管理试点、建设工程企业资质电子化审批试点、建筑产业现代化试点、建筑工程质量安全管理试点、城市轨道交通建设全过程安全风险控制管理试点，探索一批各具特色的典型经验和先进做法，为全国建筑业改革发展提供示范经验。《通知》要求，各试点省可在全省范围内，也可以选择几个地级市进行试点。各试点省市住房城乡建设部门制订试点实施方案要充分听取各方意见，试点实施方案要突出针对性、操作性、实效性，立足解决重大现实问题，着力创新体制机制，明确试点目标、试点措施、进度安排、配套政策、责任主体、风险分析及应对措施等。要充分发挥各方积极性、主动性、创造性，对在改革实践中涌现的新思路、新办法、新举措，只要有利于建筑业改革发展的，都应给予保护和支持。要坚持正确舆论导向，合理引导行业预期，多做宣传引导，增进共识、统一思想，营造全社会、全行业关心、重视、支持建筑业改革的良好氛围。

9. 2014年5月28日，住房和城乡建设部印发《住房城乡建设部关于建设工程企业发生重组、合并、分立等情况资质核定有关问题的通知》（建市［2014］79号），进一步明确工程勘察、设计、施工、监理企业及招标代理机构（简称建设工程企业）重组、合并、分立后涉及资质重新核定办理的有关要求，简化办理程序，方便服务企业。《通知》指出，"企业吸收合并，企业新设合并，企业合并，企业全资子公司间重组、分立，国有企业改制重组、分立，企业外资退出，企业跨省变更"等类型的建设工程企业发生重组、合并、分立等情况申请资质证书的，可按照有关规定简化审批手续，经审核注册资本金和注册人员等指标满足资质标准要求的，直接进行证书变更。在重组、合并、分立等过程中，所涉企业如果注册在两个或以上省（自治区、直辖市）的，经资质转出企业所在省级住房城乡建设行政主管部门同意后，由资质转入企业所在省级住房城乡建设行政主管部门负责初审。《通知》明确，上述情形以外的建设工程企业重组、合并、分立，企业申请办理资质的，按照有关规定重新进行核定。企业重组、分立后，一家企业承继原企业某项资质的，其他企业同时申请该项资质时按首次申请办理。内资企业被外商投资企业（含外资企业、中外合资企业、中外合作企业）整体收购或收购部分股权的，按照《外商投资建筑业企业管理规定》、《外商投资建设工程设计企业管理规定》、《外商投资建设工程服务企业管理规定》及《外商投资建设工程设计企业管理规定实施细则》等有关规定核定，变更后的新企业申请原企业原有资质可不提交代表工程业绩材料。《通知》要求，发生重组、合并、分立等情况后的企业在申请资质时应提交原企法律承续或分割情况的说明材料。企业重组、合并、分立等涉及注册资本与实收资本变更的，按照实收资本考核。重组、分立后的企业再申请资质的，应申报重组、分立后承接的工程项目作为代表工程业绩；合并后的新企业再申请资质的，原企业在合并前承接的工程项目可作为代表工程业绩申报。

# 附录4　安徽省人民政府关于促进建筑业转型升级加快发展的指导意见

皖政〔2013〕4号

各市、县人民政府，省政府各部门、各直属机构：

建筑业是我省的支柱产业，在促进新型工业化、信息化、城镇化和农业现代化，以及吸纳就业尤其是农村富余劳动力就业等方面具有重要作用。为进一步加快我省建筑业改革发展步伐，促进建筑业转型升级、做大做强，推动我省向建筑业大省迈进，现提出以下指导意见：

## 一、主要目标

到2015年，全省建筑业总产值达7000亿元，比2011年"翻一番"。到2017年，全省建筑业总产值超1万亿元，进入建筑业大省行列；全省特级资质建筑业企业10家以上，二级及以上资质企业占40%以上；年产值500亿元以上企业达3家，100亿元以上企业达10家，50亿元以上企业达20家；安徽建筑业企业在省外产值占全省建筑业总产值的比例达到30%以上。

## 二、加快建筑业转型升级

（一）优化发展结构。按照扶优扶强、做专做精、提高产业集中度的原则，大力推行工程总承包，优化专业类别结构和布局，扶持高等级资质企业、专业企业发展，形成总承包、专业承包、劳务分包等比例协调、分工合作、优势互补的建筑业发展格局，促进传统建筑业向现代建筑服务业转变。

（二）培育壮大骨干企业。支持鼓励建筑业企业以产权为纽带跨地区、跨行业兼并重组，形成一批在全国有竞争力的安徽建筑业知名企业、品牌企业。联合组建的建筑业企业集团，其子公司可继续保持原有资质，共享企业业绩、人力资源等。支持施工企业向上下游产业延伸，形成主业突出、多元发展的经营格局。鼓励大型设计、施工企业发展成为集设计、咨询、施工于一体的综合性企业集团。

（三）提高专业施工能力。鼓励建筑施工总承包企业向交通、铁路、城市轨道交通、电力、水利等专业承包领域拓展，逐步提升在高端建筑市场的专业施工能力。规范行业管理，扶持装饰、钢结构、防腐等专业承包企业做专做精。提高建筑施工装备水平和装配能力，建筑业企业引进大型专用先进设备，根据相关规定享受贷款贴息等优惠政策。

（四）大力发展总部经济。各地要制定奖励补助政策，吸引中央、外省大型建筑业企业在我省设立总部，优先保障企业总部落户所需的生产生活用地。支持中央、外省大型建筑业企业与我省建筑业企业组建联合体，共同参与高端建筑市场竞争。

（五）扩大国内市场份额。依托各级政府驻外办事机构和驻外建筑业服务机构，推动我省建筑业企业积极参与国内市场竞争，增强市场拓展能力，提高"徽匠"品牌影响力。

## 三、提升经营管理水平

（六）深化产权制度改革。采取产权转让、增量改制、主辅分离、辅业改制等形式，推进建筑业企业股份制改造，完善法人治理结构。引导改制企业优化股权配置，调动经营管理层和业务骨干的积极性，激发企业活力。

（七）创新经营管理方式。大力发展工程总承包和项目管理总承包，稳妥推行设计、采购、施工、管理一体化。支持工程咨询、勘察、设计、监理、招标代理、造价咨询、检验检测等中介服务企业联合重组或互补合作，拓宽服务领域。积极运用信息技术改造传统建筑业，提升项目管理的标准化、信息化水平。有条件的地方可建立具有区域特色的建筑产业园区，整合装备制造、建材生产、设计咨询、资金物流等要素，引导建筑业企业集聚发展，努力形成建筑经济新的增长极。

（八）增强科技创新能力。实施建设行业科技创新联合行动计划，引导设计、施工、检测等企业采取校企合作、技术转让、技术参股等方式，开展产学研联合攻关，增加核心技术储备。鼓励企业编制工程建设标准和工法，开发专利和专有技术。对认定为高新技术企业的建筑业企业，可减按15%的税率征收企业所得税。建筑业企业因技术创新节约投资或提高效益的，建设单位应给予必要的奖励。积极推广使用建筑节能新技术、新工艺、新材料、新设备，大力发展绿色建筑，促进建设工程绿色施工，推进建筑业节能降耗。

（九）加强人才队伍建设。推动建筑业企业与高等院校共建各类创新创业载体，培养引进经营管理、专业技术人才。鼓励建筑业企业与职业技术院校合作培养适应专业岗位需求的高技能人才，合作培养的学员具备土木工程类或建筑学类中等专科以上学历的，在报考二级建造师、二级建筑师执业资格时，其在校学龄可合并计算为工龄。督促建筑业企业足额提取职工教育经费，专项用于技术工种和一线职工技能培训。支持具备条件的大型建筑业企业组建初、中级专业技术资格评审委员会，授予相应专业技术资格评审权。对获得国家工程质量奖、国家级施工工法或3项以上"黄山杯"工程奖的专业技术人员，可不受学历、资历、论文数量等限制，破格申报参评相应专业技术资格。提高建筑业劳务输出组织化程度，推动农村富余劳动力向建筑业有序转移，支持皖北地区、大别山区建筑业和劳务分包企业发展。

（十）提高建筑设计水平。加强传承创新，弘扬徽派建筑文化。注重培养勘察设计领军人物，支持我省勘察设计骨干企业参与省内外大型工程项目建设，增强勘察设计企业竞争力。鼓励我省勘察设计骨干企业加强与国内外品牌设计企业的交流合作，吸引国内外品牌设计企业在我省设立法人机构，繁荣建筑设计创作，提升建筑设计水平。

## 四、实施"走出去"战略

（十一）拓展国外市场。鼓励符合条件的我省建筑业企业申报对外承包工程资格和援外成套项目实施企业资格，努力争取国外工程承包和国家援外工程项目。密切跟踪我国多（双）边经贸合作框架协议，大力推动我省建筑业企业承接框架协议下的建设项目。积极参与我国政府推动的境外经贸合作园区工程项目建设，带动我省设计、咨询、施工、监理以及建筑材料、装备制造等企业"走出去"发展。支持有条件的建筑业企业跻身全球工程承包500强。各级商务、外事、公安、财政、税务、海关、检验检疫等部门要积极为建筑业企业境外发展做好服务。

（十二）落实扶持政策。支持我省建筑业企业申请国家对外经济合作专项资金、对外承包工程保函风险专项资金、中非发展基金、对外承包工程项目流动资金贷款贴息和对外承包工程项目货物出口退税等国家扶持政策。鼓励各级金融机构对承包境外工程的建筑业企业实行授信额度差别化管理，对实力强、信誉好的企业承包项目提供人民币中长期贷款、外汇周转贷款。对外承包工程业务集中的市、县，可设立对外承包工程保函风险专项资金。

## 五、规范建筑业市场

（十三）加快建筑市场信用体系建设。建立全省统一的工程建设监管与信用体系平台，完善建筑业企业、人员、项目数据库。加强信用信息公开，健全信用奖惩机制，将信用信息作为招投标、资质审批、评优评奖、工程担保的重要参考，营造诚实守信的建筑市场信用环境。

（十四）加强招投标和工程造价管理。完善综合评标和合理低价评标办法，提倡优质优价、优质优先，坚决遏制和打击围标串标、转包、挂靠和低于成本价报价等违法违规行为，禁止在工程招投标中压减职工教育经费。建立政府投资项目和重点工程投标预选企业名录，支持列入名录的企业优先参与省内政府投资项目和重点工程投标活动。建立以市场为导向的工程造价机制，完善工程量清单计价办法，及时发布反映社会平均水平的消耗量标准和价格信息。建立国有投资招标控制价备案和竣工结算价信息报送制度，加强建设工程施工合同备案和履约管理，合理控制工程造价和工期。

（十五）强化工程质量安全监管。严格落实建设、勘察、设计、施工、监理等主体责任，加强对施工图设计文件审查机构和检测机构的管理，健全工程质量终身负责制和关键岗位带班制度，规范执业资格人员从业行为，确保工程质量安全。加快施工现场重大危险源数字化监管系统和施工现场关键岗位人员考核系统建设，强化监管能力，提高监管效能。

（十六）切实减轻企业负担。总承包企业将工程进行分包的，或总承包、专业承包企业进行劳务分包的，按全部工程额扣除分包工程额的余额计算缴纳营业税。建筑业企业从事技术转让、开发、咨询、服务取得的收入，免征增值税。建筑业企业在境外提供建筑业劳务，暂免征收营业税。任何单位不得擅自设立除投标保证金、履约保证金、质量保证（保修）金、农民工工资保证金之外的其他保证金。建筑业企业可采用银行保函作为保证金缴纳形式。建立工程款结算、协调、仲裁和清算约束机制，业主要求建筑业企业提供履约担保的，应对等向建筑业企业提供工程款支付担保。工程竣工验收合格后，业主要及时全额返还履约保证金，质量保证（保修）金滞留时间最长不得超过 24 个月。

（十七）维护从业人员合法权益。规范建筑业企业用工行为，加强劳动合同管理，推行建筑业务工人员实名制。健全建筑业农民工工资正常增长机制和支付保障机制，完善建筑业农民工工伤保险办法，探索推行建筑业企业以工程项目为单位参加工伤保险的参保方式。积极改善建筑业农民工生产生活条件，推动建筑业农民工向现代产业工人转化。

## 六、优化建筑业发展环境

（十八）加强组织领导。各级政府要将建筑业发展纳入经济社会发展规划和年度工作目标，制定落实扶持建筑业发展的具体政策措施。各级住房城乡建设行政主管部门要认真制定落实行业发展规划，加强协调服务和指导监督，组织评选优秀建筑项目和优秀建筑业企业、优秀建筑业企业家，开展"建筑徽匠技能大赛"等行业竞赛，营造建筑业发展的良好氛围。各有关部门要按照职责分工，积极支持配合，形成推动建筑业加快发展的合力。

（十九）加大资金支持力度。对符合条件的建筑业企业和项目，在安排产业发展、科技创新与成果转化、外经外贸、节能减排、人才引进与培训等专项资金方面予以优先支持。建筑业企业晋升特级、一级资质，创鲁班奖、国优工程奖，技术研发中心、发明专利、标准、工法获国家认定,在境外承包工程年外汇收入达 1000 万美元以上或在国内外资本市场成功上市的,各地可制定政策给予奖励。

(二十)拓宽融资渠道。鼓励金融机构从资金投入、信贷规模、贷款利率、担保费率等方面扶持建筑业企业发展。创新融资性担保方式,支持以建筑材料、工程设备、在建工程和应收账款等作为抵质押的反担保形式。支持主营业务突出、实力较强的建筑业企业进入融资性担保行业。

安徽省人民政府

2013 年 1 月 26 日

# 附录5 福建省人民政府关于进一步支持建筑业发展壮大十条措施的通知

闽政〔2013〕44号

各市、县(区)人民政府,平潭综合实验区管委会,省人民政府各部门、各直属机构,各大企业,各高等院校:

为推进我省建筑业改革与发展,优化产业结构,增强综合实力和竞争力,现就支持我省建筑业发展壮大提出如下措施:

一、培育发展龙头骨干企业。鼓励发展集设计、咨询、施工管理于一体的综合性企业集团,利用资本市场做强做大,拓展上下游建筑产业链,着力打造"海西建筑航母"企业,提升福建建筑业品牌竞争力。积极推动银企合作,各金融机构对符合条件的建筑业企业通过贷款、投标保函等表内外业务给予支持,引导金融机构对重点骨干企业倾斜配置信贷资源,支持通过发行各类债券、票据以及其他新型融资方式直接筹集资金。创新担保方式,支持以建筑材料、工程设备、在建工程和应收账款等作为抵质押物为银行融资贷款提供担保。

对具备上市条件的建筑业企业,优先列入省级重点上市后备;对上市募集资金符合产业政策的计划投资项目,在规划、用地指标上优先安排,对项目审批(核准或备案)给予支持。确定50家左右重点骨干施工企业作为省重点扶持对象,率先推行全省建设工程年度投标保证金制度,优先向社会推介;资质升级实行"绿色通道",可直接向省主管部门申报。

二、促进产业转型升级。引导产业做优做强、做专做精、提高产业集中度。支持大型骨干企业从施工总承包向工程总承包发展,中、小企业向特色专业企业转型,鼓励企业整合资源,晋升资质等级,拓宽业务范围,延伸产业链。支持大型骨干企业创新企业经营管理方式,探索建设与投资一体化的运行模式,从建造建筑产品向经营建筑产品转变,走产业资本与金融资本互动、生产经营与资本经营一体化的新路。扎实推进建筑劳务实体化,支持推行大型建筑机械、外脚手架、模板等设备材料租赁、安装、维护一体化,规范发展预拌商品混凝土、预拌砂浆企业。鼓励工程咨询服务企业延伸服务产业链,对工程项目的建设全过程、工程全寿命周期提供管理服务。

通过项目带动本省企业发展,对本省"高、大、精、尖"项目、标志性建筑、重点建设项目以及城市轨道交通、公路、水利、港航、电力、设备安装等基础设施项目的勘察、设计、施工任务,建设单位应保证本省企业有参与投标的机会,优先考虑由本省优秀企业单独或通过联合体承担,同等条件下,优先使用本省建材产品;扶持本省企业优先承接政府采用BT、BOT、EPC等投资方式的建设项目。各地不得设置各类条件排斥本省企业,特别是民营企业承接业务。

三、加快推进建筑工业化进程。贯彻落实《国务院办公厅关于转发发展改革委 住房城乡建设部绿色建筑行动方案》(国办发〔2013〕1号),引导施工企业加快推进建筑业工业化进程。运用先进适用技术,以构件预制化生产、装配式施工为生产方式,整合设计、生产、施工等整个产业链,实现建筑产品节能、环保、全生命周期价值最大化的可持续发展。

住房城乡建设部门应加快推进适合工业化生产的预制装配式混凝土、钢结构等建筑体系应用,大力发展建设工程的预制和装配技术,抓紧制订预制装配式结构件、部品、部件的标准,率先在保障性安居工程等政府投资项目中开展建筑工业化示范试点。住房城乡建设、财政、国土等部门要研究制订预制外墙不计入建筑面积、保障性住房增加成本计入项目建设成本、容积率奖励等相关优惠政策措施,建立绿色建筑(含工业化建筑)"以奖代补"经济激励机制,推动建筑工业化实施。

四、发展壮大总部经济。提升建筑业总部经济发展水平,发挥总部经济综合效益,加快形成建筑产业集群。各设区市及"建筑之乡"县(市)政府、平潭综合实验区管委会应在土地利用总体规划上安排适量用地,作为建筑业企业总部办公基地、科研培训基地以及建筑工业化基地等项目的建设用地,在以招标拍卖挂牌出让土地使用权时,可设定施工产值、税收作为前置条件。对特级、一级施工企业根据实际需要，申请在注册所在地工业园区建设基地的，各级政府可参照工业企业供地的优惠政策给予安排。对建筑业企业自筹资金建设的员工公寓，可纳入当地公共租赁住房建设计划，按照公共租赁住房标准进行建设，实施统一监管，享受相应优惠政策。

支持中央企业和省外优秀施工、勘察、设计企业到我省落户，符合条件的企业可享受省政府已出台的总部经济扶持政策。壮大"建筑之乡"产业集群，完善"建筑之乡"评选办法，实行动态考核机制。赋予"建筑之乡"县(市)在产业发展政策方面享受设区市同等权限的待遇。定期表彰优秀"建筑之乡"、优秀建筑业企业和企业家。

五、支持企业"走出去"发展。住房城乡建设部门应主动靠前服务，加强与省外住房城乡建设部门沟通协调，为我省企业创造公平竞争市场环境。在扶优扶强、评先评优等方面，应向外向型企业倾斜。支持有拓展境外市场意向的企业申报对外经济合作相关经营权，鼓励龙头企业带动设计、咨询、施工、监理等关联企业共同拓展境外市场。外经贸部门会同相关部门应为企业拓展境外市场提供融资、担保、退税、人员和货物通关等高效便捷服务，对承包境外工程建设项目的，给予前期咨询考察、投(议)标设计、境外承包工程展、运营管理等方面的资金扶持，指导帮助企业用足用好国家扶持政策。

六、着力打造精品工程。加快推进建筑业工程质量和安全生产工作的法制化、规范化、标准化进程，建立健全项目负责人、施工企业、监理企业各司其职的质量安全保证体系。各类工程建设应严格按照工程建设规范标准，执行各项收费标准，合理确定工程造价，保障工程质量安全；执行优质优价政策，适时调整优质优价标准，鼓励建设优质工程。大中型公共建筑、标志性建筑和政府投融资建设工程应积极创建优质工程，支持新建社会事业类省重点工程项目创建省优质工程奖"闽江杯"、省优秀勘察设计奖，争创中国建设工程鲁班奖、全国优秀工程勘察设计奖。支持设计大师领衔设计，提升我省城市建筑设计水平。发改、财政、住房城乡建设部门应按照职责分工做好服务保障，确保建设资金和创优费用落实到位。

七、推进建筑科技创新应用。建筑业企业应加大科技创新投入,开展施工技术、工艺的研究应用,提升创新能力。推进企业与高校协同创新,支持建立协同创新中心,鼓励有条件的企业申报高新技术企业、省级企业技术中心,支持建立院士工作站。省级科技经费加大对建筑科技项目的扶持,支持建筑业新技术、新工艺、新材料、新设备的研究开发和推广应用,重点加强建筑工业化技术开发应用,引导企业参与国家和省级各类科技示范工程。企业可从工程结算收入中提取1‰~2‰,作为成本纳入企业技术进步发展专项资金。鼓励施工企业加快设备更新,对引进大型专用先进设备的,可享受进口贴息资金等优惠政策。支持建筑业企业申请信息化管理专项补助资金,加快推进企业信息化工作。特级、一级施工总承包企业应在"十二五"期间实现企业和项目信息化管理,二级施工总承包企业应积极开展信息化工作。

八、加强高素质人才队伍建设。加快培育和造就适应建筑业发展需要的企业家队伍、专业人才队伍和高技能人才队伍,营造人才成长的良好政策环境。对建筑业企业引进或培育的高层次人才,可按规定享受我省已出台的人才补贴、购房安家补助等政策。鼓励企业引进高层次和急需紧缺人才,各级政府应对其住房、子女就学等方面予以支持。鼓励有实力的勘察设计企业建立企业年金制度。支持在大型骨干施工企业中组建专业技术资格评审委员会。对获得国家工程质量奖(鲁班奖、国家优质工程奖、詹天佑奖)、2项以上省优质工程奖"闽江杯"项目经理,以及国家级施工工法第一主编人,可破格申报高级工程师。不具备规定学历条件但已取得国家一级注册结构工程师、建筑师、建造师和注册城市规划师、岩土工程师、电气工程师、公用设备工程师、造价工程师、监理工程师执业资格者,可按符合学历条件申报评审高级工程师;不具备规定学历条件但已取得二级注册建造师执业资格者,可按符合学历条件件申报评审工程师。打造宽松的外部环境,社会化评审职称和补充渠道评审职称具有同等效力。

从事施工作业的外来务工人员,符合《中共福建省委办公厅 省人民政府办公厅关于积极推进城镇化发展的十二条措施的通知》(闽委办发〔2012〕8号)规定的,纳入城镇住房保障范围。推进建筑行业教育培训改革,充分运用我省支持高等教育和中等职业教育发展的政策措施,办好建筑职业学校和高校土建类专业。加强面向服务建筑行业的公共实训基地建设,支持有实力的施工企业建设建筑劳务基地,对符合条件的,授予其作为福建省建设行业生产操作人员职业技能培训考核基地。省人力资源和社会保障厅牵头,会同省财政厅、住房城乡建设厅根据建筑行业特点,研究出台贯彻落实《福建省就业专项资金管理办法》的相关规定。除中央财政、税务主管部门另有规定外,施工企业实际发生的职工教育经费支出,超过工资薪金总额 2.5% 的部分,准予在以后纳税年度结转扣除。

九、实施积极财税扶持政策。施工企业符合条件的,可享受《福建省人民政府关于进一步促进民营经济发展的意见》(闽政〔2012〕9号)规定的民营工业企业税收奖励政策。对施工企业兼并重组,在办理房产、车辆等过户手续涉及的相关费用,以及工商登记类行政事业性收费地方级收入部分予以减免。施工企业兼并重组涉及土地使用权转让的,其土地使用权交易服务费减半收取。税务部门应服务指导企业应对"营改增"改革,完善政策措施鼓励外向型施工企业回乡缴纳所得税、避免重复征税和不合理税费征收,简化《外出经营活动税收管理证明》办理手续,为施工企业拓展市场提供优质服务。对财务会计制度健全、能够准确完整地进行会计核算的施工企业,其应代扣的个人所得税实行查账征收。对境内施工企业在境外提供建筑业劳务的,暂免征收营业税。

十、建立完善统一开放、规范诚信的建筑市场。构建统一开放的建筑市场,严禁对省内施工企业跨地区承接业务实行准入备案。开展建筑市场信用综合评价,建立全省统一的信用评价平台,强化建筑市场和施工现场"两场"联动,形成守信奖励、失信惩戒机制,探索信用评价结果在招标投标、资质管理、市场监管、扶优扶强方面的应用。创新完善招投标制度,推进电子化招标投标,简化民营投资项目招投标程序,从制度设计上增强企业创优积极性。构建和谐劳动关系,健全农民工工资防欠清欠等长效机制,切实解决建筑施工领域拖欠农民工工资问题;规范劳务分包行为,推行农民工实名制管理,提高企业内部工资管理水平。

规范各类保证金制度，各级、各部门不得针对施工企业擅自设立除投标保证金、履约保证金、质量保证(保修)金、农民工工资保证金、预付款保证金之外的其他保证金。倡导采用银行保函作为保证金形式，减轻企业资金压力。规范约束业主行为，建设单位要求施工企业出具合同履约担保的，应对等提供工程款支付担保。工程竣工验收合格后，履约保证金要及时全额返还施工企业，质量保证(保修)金滞留时间最长不超过24个月。加强工程款结算管理，建立约束机制，逐步推行预算价、中标价、结算价按规定公开制度，坚决遏制竣工后不及时结算的行为。加快国有投资项目结算和审计速度，确保工程款及时结算。推进工程造价改革，逐步建立以市场为导向的工程造价机制，建立定额人工费调整机制，完善建筑工程造价信息发布系统，提高信息发布质量，满足市场需要。推进监管工作信息化，强化施工许可、施工合同网上备案管理。各级政府应加强工程质量安全监督队伍建设，保障工作经费，确保监管队伍稳定，提升工程建设质量安全水平。

福建省人民政府

2013年10月25日

# 附录6　湖北省人民政府关于促进建筑业发展的意见

鄂政发〔2013〕52号

各市、州、县人民政府，省政府各部门：

建筑业是技术集成度高、产业带动力强的劳动密集型产业，是我省具有比较优势的支柱产业。为进一步加快建筑业发展，促进提档升级，做大做强，现提出如下意见。

## 一、发展目标

到"十二五"末，将我省建筑业打造成万亿元产业；到2017年，建筑业总产值突破1.3万亿元，省外产值超4000亿元，实现利税1000亿元以上，吸纳农村富余劳动力280万人以上，综合竞争力、产业带动力和经济贡献率明显提升，形成一批具有湖北特色和国际竞争力的产业品牌。

## 二、调整优化产业结构

（一）培育壮大优势企业。按照扶优扶强、做专做精的原则，支持高等级资质企业、专业企业加快发展，严格控制低等级总承包类企业的数量规模，形成总承包、专业承包、劳务分包比例协调和分工合作、优势互补的产业格局。制定激励政策，吸引中央、外省大型建筑企业在我省设立总部和区域中心。选择一批产值规模大、工程质量优、创新能力强、社会贡献多的建筑业及勘察设计业优势企业作为重点培育对象，列入政府投资项目和重点工程投标预选名录。鼓励符合条件的建筑企业及勘察设计企业以代建的方式参与政府投资项目的建设和管理。到2017年，全省培育15家以上年产值过100亿元的优势企业，形成百亿元建筑企业群，产业集中度明显提升。

(二)实施品牌特色发展战略。继续开展建筑企业综合实力20强、建筑装修装饰企业10强、勘察设计企业综合实力10强评选活动。加快推进武汉"工程设计之都"建设,组织开展"建筑强市"、"建筑强县"、"建筑之乡"命名活动,打造一批有影响力的品牌企业和品牌地区。全省培育8~10个有全国影响力的特色产业集群,培育2~3个有国际竞争力的特色品牌。支持桥梁、水利、古建、钢构、幕墙、窑炉、防水、爆破等我省特色专业企业加快发展,鼓励企业向轨道交通、装饰装修、建筑智能化等专业领域拓展,提升高端市场的设计和专业施工能力。鼓励创建精品工程,打造设计和工程质量品牌。对获得省级以上工程质量奖或设计奖的,招投标中对企业及项目负责人实施加分奖励;对获得国家级工程质量奖或设计奖的企业,在颁奖之日起二年内,建设单位还可直接发包其一项规模相当的工程作为奖励;对获得鲁班奖的企业,省政府继续实行财政奖励政策。

(三)建立产业合作联盟。支持鼓励大型设计、建筑企业拓展业务,发展成集设计、咨询、施工、管理于一体的综合性企业集团。构建以大型骨干企业为龙头,大、中、小型企业共同参与、优势互补的产业合作平台,形成勘察、设计、施工、装备制造、关键产品供应联动的产业协作机制。支持优势企业参与重大基础设施和城乡建设领域的投资、建设和经营,鼓励地方企业与央企实施战略联盟,协同发展。发挥我省桥梁产业优势,整合资源,支持桥梁设计、桥梁施工、钢材生产、钢结构加工产业融合发展,增强产业带动力,将我省桥梁产业打造成千亿产业。

### 三、转变产业发展方式

(一)创新工程项目管理。鼓励具备条件的政府投资项目实行工程总承包。鼓励和引导省内建筑企业及勘察设计企业转型为工程建设全过程服务的工程公司,积极推进各类大、中型工程项目总承包业务的发展。支持有条件的省内骨干企业采取建设—转让(BT)、建设—经营—转让(BOT)、设计—采购—施工(EPC)等方式参与工程建设。鼓励建筑企业与房产、设计、规划企业进行强强联合,探索建立基础设施建设与投资一体化,设计、施工、管理一体化的运行模式。支持工程咨询、监理、招标代理、造价咨询、质量检测等中介服务企业联合重组或互补合作，拓宽服务领域。

（二）创新企业经营管理。继续推进企业产权制度改革，积极吸纳社会各类资本、各种要素参与企业股份制改造，努力形成混合所有制产权结构。引导企业完善法人治理结构，加快建立股权合理流转、股东有序进退的体制机制。鼓励企业开展管理创新，提高集约化、精细化、专业化管理水平。建立健全项目目标管理机制，积极运用信息技术改造传统建筑业，提升勘察设计业，提高企业管理的标准化、信息化水平。支持企业向上下游产业延伸，形成主业突出、多元发展的经营格局。

（三）推动产业绿色发展。坚持减量化、再利用、资源化的发展理念，积极推动建筑业资源循环利用，研发低碳建造工艺、技术和材料，鼓励绿色设计，推动绿色施工。扩大可再生能源建筑应用规模，推动新建住房菜单式全装修交房，提高建筑物生命周期，实现建筑业绿色发展。加快推进建筑工业化，推广建筑工业化集成技术，构建建筑工业化标准体系。积极推动建筑业与建材业相融合，推动住宅产业化基地与钢结构、构配件及部品等工业化基地建设。将建筑工业化基地建设纳入地方相关规划，研究制定扶持政策。在保障性住房等政府投资项目建设中，明确一定的比例用于建筑工业化示范项目建设。对符合现行政策要求的建筑工业化基地和示范工程建设，财政部门要予以积极支持。科技部门要加大对建筑工业化科研项目研究经费的支持力度。

（四）提高产业外向型发展水平。积极支持我省符合条件的建筑企业及勘察设计企业获取对外承包工程的经营资格，支持我省企业申请对外承包工程保函风险专项资金、中非发展基金和对外承包工程项目货物出口退税。鼓励企业运用股份合作、项目合作、技术合作等方式，组织多种形式的联合体开展国际工程承包。引导我省企业参与中央企业承揽的国际工程项目建设，带动我省建筑企业及勘察设计企业"走出去"。积极承接国际勘察设计服务外包业务，大力发展勘察设计服务贸易，推动勘察设计服务出口。完善现有驻外建筑队伍管理服务功能，在输出较多、市场潜力较大的省（区、市）跟踪做好服务管理工作，协调解决市场准入和市场管理等问题。对"走出去"开拓建筑市场、带动就业成效明显、为地方经济社会发展做出突出贡献的建筑及勘察设计企业和企业家，予以表彰。

## 四、提升创新发展能力

（一）打造高素质人才队伍。建立健全行业人才培养、激励和管理机制，培养造就一批高素质管理人才、创新型科技人才、高技能操作人才，大力引进行业领军人才、海外高层次人才以及高级技工等特殊人才、紧缺人才。积极为建设领域高端人才提供"人才公寓"，将建筑业引进人才和接纳大专院校毕业生纳入保障性住房服务体系。每两年评选一次"湖北省勘察设计大师"和"湖北省工程建造大师"。对获得国家级和省级"勘察设计大师"、"工程建造大师"称号的个人按照有关规定给予表彰奖励。对获得国家级设计大奖、国家级工程质量奖、国家级施工工法或3项省部级优质工程的项目负责人和专业技术负责人，在评定高级职称时可以破格晋升。对基础条件好、技术实力强并达到相应要求的企业，经人力资源和社会保障部门批准，可组建中级专业技术资格评审委员会。完善建造师执业资格制度，研究制定小型项目建造师管理办法，对长期从事建设工程施工管理工作、学历偏低、业绩突出的项目经理申请建造师执业资格实行考核认定。

（二）提升从业人员素质。符合条件的建筑企业及勘察设计企业按职工工资总额的2.5%足额提取职工教育经费，专款专用，并保证60%以上用于一线职工的教育培训。企业实际发生的职工教育经费支出，不超过工资薪金总额2.5%的部分，准予纳税时扣除；超过部分，准予在以后纳税年度结转扣除。引导企业同高等院校、科研院所联合建立行业实训基地和定向人才培养基地。关爱农民工，加快完善我省农民工工资保障金制度。发展建筑业劳务基地，建筑业农民工培训纳入农村劳动力转移就业职业技能培训和高技能人才培训体系，充分发挥职校、技校和建筑工地农民工业余学校的作用，培训提升建筑产业工人技能水平和就业能力。

（三）提高建筑行业装备水平。鼓励大型建筑企业以承建重大工程项目为平台，装备一批国内领先的大型机械设备。企业引进大型专用先进设备,可享受与工业企业相同的贷款贴息等优惠政策。加强建筑施工机械设备租赁市场建设,提高设备使用效率。对建筑机械设备实行登记制度,每年公布建筑机械设备淘汰目录,强制报废危及建筑施工安全的机械设备。有条件的地方可建立具有区域特色的建筑产业园区,整合装备制造、建材生产、设计咨询、资金物流等要素,引导建筑企业集聚发展,促进传统建筑业向现代建筑服务业转变。

(四)增强企业科技创新能力。鼓励企业之间以及建筑企业与科研机构、勘察设计、高校院所等合作,建立产、学、研相结合的技术创新体系。鼓励企业建立国家级、省级重点实验室和企业技术中心,支持建筑企业及勘察设计企业申报国家和省级科技专项资金,对纳入国家和省计划的建筑科研开发项目按规定实行税费优惠。对认定为高新技术企业的,按15%的税率征收企业所得税。企业为开发新技术、新产品、新工艺发生的研究开发费用,未形成无形资产计入当期损益的,在根据规定据实扣除的基础上,按照研究开发费用的50%加计扣除;形成无形资产的,按照无形资产成本的150%摊销。因技术创新而节约投资或提高效益的,建设单位应给予相应的物质奖励。鼓励企业转让技术成果,对建筑企业及勘察设计企业在一个纳税年度内符合条件的技术转让所得不超过500万元的部分,免征企业所得税;超过500万元的部分,减半征收企业所得税。

## 五、规范建筑市场秩序

(一)严格基本建设程序和招投标管理。严格工程建设项目立项、施工许可和建设过程的管理,规范业主行为。各类园区的建设工程项目依法纳入所在地县级以上人民政府建设行政主管部门统一监管,严禁园区建设工程"封闭"管理。加强对建设工程招投标的监管,改进招投标管理办法及评标办法,依法规范建设单位招标行为,严禁先施工后招标、明招暗定或将工程化整为零规避招标。省内政府投资项目和重点工程的招投标活动必须进入各级公共资源交易中心进行。建立全省统一的政府投资项目和重点工程投标预选企业名录,支持列入名录的企业优先参与省内政府投资项目和重点工程投标活动。完善招投标竞争机制,提倡优质优价、优质优先和综合最优价中标，坚决遏制低于工程成本价的恶意竞标行为。凡国家和省规定的职工教育经费、社会保障费、安全作业环境及安全施工措施费等规费，以及政府投资项目及公益类项目工程监理费必须单列，作为不可竞争费用不参与工程招标竞价，直接计入工程总造价。交通、电力、水利等行业主管部门要大力支持勘察、设计、施工、监理等企业实现多行业发展，在政府投资（含政府投资占主体）项目招投标中，不得以超过招标项目要求的业绩作为投标的必要条件。

（二）加强工程履约管理。推行建设工程施工合同示范文本，加强合同备案审查和履约监管，企业派驻项目管理人员要按投标文件承诺和合同约定到岗履职。建立工程款结算、协调、仲裁和清算约束机制，凡业主要求承包商提供履约担保的，应当向承包商对等提供工程款支付担保。加快国有投资项目审计和结算速度，确保工程款及时结算。规范企业用工行为，加强劳动合同管理，全面推行建筑业务工人员实名制管理。对不按规定要求及时进行工程结算、不按要求及时支付工资的建设项目，不予办理竣工验收备案手续，所建房屋不予办理房屋产权登记。

（三）强化工程质量安全监管。以提升工程质量、实现安全发展为核心，推进质量安全法规制度建设，构筑科学发展长效机制。加强以轨道交通、保障性安居工程为重点的政府投资工程的监管，促进工程质量稳步提升。强化建筑安全监管，落实参建各方主体责任，有效遏制建筑生产安全事故。强化勘察设计质量管理，增强技术引导创新能力。推进工程项目"平安工地"、"安全文明施工现场"、"安全质量标准化"创建活动，提高全省建设工程文明施工水平。

（四）加强诚信体系建设。建立全省统一的工程建设监管与信用体系平台，完善市场各方主体信用评定和考核办法，实施动态监管，信用评价结果作为建设工程招投标的重要内容。加强执法培训，提升执法人员素质，定期开展全省工程建设市场秩序专项整治，严厉打击无证设计、无证施工、围标串标、转包、违法分包、挂靠等市场违法违规行为。严格中介机构的市场准入，规范中介机构的市场行为。对诚信经营，并在促进地方经济发展、维护稳定、扶贫助残、抢险救灾中做出突出贡献的企业给予宣传表扬。对不满足资质条件、存在违法违规行为、发生质量安全事故和拖欠工资的企业和个人，要及时曝光，并依法进行处罚，直至清理出建筑市场。

## 六、优化行业发展环境

（一）提升服务监管水平。建设主管部门要建立促进建筑及勘察设计业发展的协调合作机制，及时研究解决行业发展中的问题和困难，充分发挥组织、协调、服务的作用。各相关部门要按照职责分工，坚持用改革的思维、创新的举措，研究出台相应的支持政策和发展措施，为我省优势企业提供"直通车"服务，形成推动建筑及勘察设计业加快发展的合力。打破行业和地方壁垒，全面开放市场。大力整治工地治安环境，坚决打击强装、强卸、强卖建筑材料及阻工等扰乱建筑市场秩序的违法行为。重视和加强建筑业管理机构建设，将建筑市场管理执法和质量安全监督机构依法履行管理职能所需经费，按照相关规定纳入同级财政预算予以保障。

（二）积极拓宽融资渠道。积极推动银企合作，引导和鼓励银行业金融机构积极向建筑及勘察设计企业提供各类授信、贷款以及其他多种优质便捷的金融服务，增加中长期贷款的比例，对拥有自主知识产权的企业给予相关信贷优惠政策。鼓励开展投标保函、履约保函、支付保函业务，对综合实力强、信用记录良好、项目有发展潜力的企业可降低保证金水平。鼓励信用担保机构为建筑及勘察设计企业，特别是中小企业提供贷款担保。支持符合条件的企业在境内外资本市场上市融资，发行企业债券，鼓励创业风险投资机构对勘察设计企业开展投资业务。各级财政在安排产业发展、科技创新与成果转化、外经外贸、节能减排、人才引进与培训等专项资金方面，对符合条件的勘察设计企业和建筑企业予以支持。

（三）切实减轻企业负担。规范建筑及勘察设计企业的税收征管行为。总承包企业将建筑工程分包给其他单位的，以其取得的全部价款和价外费用扣除支付给其他单位的分包款后的余额计算缴纳营业税。建筑企业从事技术转让、开发、咨询、服务取得的收入，免征营业税。建筑企业可采用银行保函作为保证金缴纳形式，禁止收取无法律法规依据的各种保证金。规范各类收费行为，涉及建筑业的行政事业性收费，必须按照国家和省批准的收费项目和标准执行，任何部门和单位都不得向企业乱摊派、乱集资。

省住建厅要加强对本意见贯彻落实的督办检查，每年年底向省政府专题报告各地各部门贯彻落实情况。

2013 年 11 月 16 日

# 附录7 2012～2013年度中国建设工程鲁班奖（国家优质工程）获奖工程名单

（排名不分先后）

| 序号 | 工程名称 | 承建单位 |
| --- | --- | --- |
| 1 | 中国国家博物馆改扩建工程（新馆） | 北京城建集团有限责任公司 |
| 2 | 朔黄发展大厦 | 北京建工集团有限责任公司 |
| 3 | 中国农业银行东单办公南楼工程 | 江苏江都建设集团有限公司<br>江苏省第一建筑安装有限公司 |
| 4 | 新疆大厦 | 北京住总集团有限责任公司 |
| 5 | 万丽天津宾馆 | 天津市建工工程总承包有限公司 |
| 6 | 天津生态城国家动漫产业综合示范园01-01地块动漫大厦工程 | 天津三建建筑工程有限公司 |
| 7 | 天津市滨海一号工程 | 天津住宅集团建设工程总承包有限公司 |
| 8 | 天津西青医院门诊急诊住院综合楼 | 天津天一建设集团有限公司 |
| 9 | 天津团泊新城团泊新桥工程 | 天津第一市政公路工程有限公司<br>中铁一局集团有限公司 |
| 10 | 河北省白楼宾馆贵宾楼 | 河北建工集团有限责任公司 |
| 11 | 唐山市南湖紫天鹅庄扩建工程 | 河北建设集团有限公司<br>河北建设集团园林工程有限公司 |
| 12 | 鄂尔多斯市东胜区全民健身活动中心体育场 | 内蒙古兴泰建筑有限责任公司 |
| 13 | 鄂尔多斯市东胜区图书馆 | 湖南德成建设工程有限公司 |
| 14 | 山西体育中心主体育场 | 山西四建集团有限公司<br>中铁十二局集团建筑安装工程有限公司 |
| 15 | 东北传媒文化广场 | 中国建筑一局（集团）有限公司 |
| 16 | 长春市人民检察院办案及专业技术用房 | 吉林建工集团有限公司 |

续表

| 序号 | 工程名称 | 承建单位 |
|---|---|---|
| 17 | 大庆油田生态园 | 江苏南通六建建设集团有限公司 |
| 18 | 上海卷烟厂"中华"牌卷烟专用生产线技术改造项目 | 上海建工集团股份有限公司 |
| 19 | 太平金融大厦 | 上海建工一建集团有限公司 |
| 20 | 天津海河教育园区(北洋园)一期综合配套工程(体育场、游泳馆、体育馆及公共实训中心) | 上海建工七建集团有限公司<br>中国建筑第八工程局有限公司 |
| 21 | 苏州工业园区档案大厦 | 上海嘉实(集团)有限公司<br>宜兴市工业设备安装有限公司 |
| 22 | 闸北区文化馆和大宁社区文化活动中心 | 江苏南通三建集团有限公司 |
| 23 | 葛洲坝大厦 | 浙江海天建设集团有限公司 |
| 24 | 苏州润华环球大厦B楼 | 江苏南通二建集团有限公司 |
| 25 | 无锡市人民医院儿童医疗中心 | 江苏正方园建设集团有限公司 |
| 26 | 昆山高新技术创业服务中心大楼 | 振华集团(昆山)建设工程有限公司 |
| 27 | 中国医药城(泰州)会展交易中心 | 南通四建集团有限公司 |
| 28 | 南京大学仙林校区图书馆 | 南通新华建筑集团有限公司 |
| 29 | 常州九洲花园大酒店 | 江苏成章建设集团有限公司 |
| 30 | 中国科技五金城会展中心工程 | 广厦建设集团有限责任公司 |
| 31 | 歌山大厦(歌山品悦大酒店) | 歌山建设集团有限公司 |
| 32 | 迪荡新城移动通信大楼 | 浙江勤业建工集团有限公司 |
| 33 | 台州黄岩耀达酒店 | 标力建设集团有限公司 |
| 34 | 北仑出入境检疫检验局综合实验楼 | 曙光控股集团有限公司 |
| 35 | 瑞丰大厦 | 浙江中成建工集团有限公司 |
| 36 | 济南恒隆广场发展项目 | 中建八局第一建设有限公司 |
| 37 | 临沂大学图书馆 | 天元建设集团有限公司 |
| 38 | 济南市第二生活垃圾综合处理厂(焚烧发电厂) | 山东淄建集团有限公司<br>山东省工业设备安装总公司 |
| 39 | 安徽电力科研设计大楼 | 安徽三建工程有限公司 |
| 40 | 合肥市畅通一环四里河立交桥工程 | 中铁二十四局集团安徽工程有限公司 |
| 41 | 聚龙小镇一期A东区、CI区 | 福建省第五建筑工程公司 |
| 42 | 集美滨水小区3号地块4号-7号楼 | 厦门思总建设有限公司 |

续表

| 序号 | 工程名称 | 承建单位 |
|---|---|---|
| 43 | 南昌师范高等专科学校新校园主教学楼 | 南昌市建筑工程集团有限公司 |
| 44 | 中国井冈山干部学院添建项目 | 江西建工第一建筑有限责任公司 |
| 45 | 南阳市中心医院高层综合病房楼 | 河南天工建设集团有限公司 |
| 46 | 许昌市文博馆工程 | 河南省第一建筑工程集团有限责任公司 |
| 47 | 华中科技大学先进制造工程大楼 | 湖北远大建设集团有限公司 |
| 48 | 辛亥革命博物馆 | 武汉建工股份有限公司 |
| 49 | 湖南移动枢纽楼工程 | 湖南省第六工程有限公司 |
| 50 | 湖南省质量技术监督检测中心 | 湖南省沙坪建筑有限公司 |
| 51 | 湘潭市第一人民医院肿瘤防治科研大楼 | 湖南省第三工程有限公司 |
| 52 | 君豪酒店 | 广东明兴建筑集团有限公司 |
| 53 | 富力丽港中心公寓项目 | 广东正升建筑有限公司 |
| 54 | 布吉污水处理厂主体及附属工程 | 深圳市市政工程总公司 |
| 55 | 卓越皇岗世纪中心项目2号楼及裙楼配套 | 江苏省华建建设股份有限公司 |
| 56 | 广西壮族自治区国土资源厅业务综合楼 | 广西建工集团第五建筑工程有限责任公司 |
| 57 | 安徽省铜陵至汤口高速公路太平湖大桥 | 广西壮族自治区公路桥梁工程总公司 |
| 58 | 林和西横路酒店（广州新天希尔顿酒店） | 海南第四建设工程有限公司 |
| 59 | 三亚凤凰岛国际养生度假中心5号楼 | 中天建设集团有限公司 |
| 60 | 电子科技大学清水河校区一期工程（体育馆）工程 | 四川省晟茂建设有限公司 |
| 61 | 四川烟草工业有限责任公司西昌分厂整体技术改造项目生产线及联合工房 | 中国建筑第七工程局有限公司<br>四川省工业设备安装公司 |
| 62 | 中国石油工程设计有限公司西南分公司设计办公楼 | 中建五局第三建设有限公司 |
| 63 | 四川广播电视中心 | 中国建筑第四工程局有限公司 |
| 64 | 云阳县市民文化活动中心 | 重庆建工第二建设有限公司 |
| 65 | 贵阳奥林匹克体育中心主体育场工程 | 中建三局第一建设工程有限责任公司 |
| 66 | 昆明理工大学呈贡校区（一期）图书馆工程 | 云南工程建设总承包公司 |
| 67 | 中国延安干部学院添建项目 | 陕西建工集团总公司 |

续表

| 序号 | 工程名称 | 承建单位 |
|---|---|---|
| 68 | 中国电子科技集团公司第二十研究所研发实验楼 | 陕西建工集团第五建筑工程有限公司 |
| 69 | 调度指挥中心 | 陕西建工集团总公司 |
| 70 | 中华石鼓园 | 宝鸡市第二建筑工程有限责任公司 |
| 71 | 甘肃会展中心建筑群项目—大剧院兼会议中心 | 中国中铁航空港建设集团有限公司 |
| 72 | 银川车站改造工程站房、雨棚、天桥及地道标段(站房工程) | 浙江省建工集团有限责任公司 |
| 73 | 新疆石油管理局生产调度指挥中心 | 中国新兴建设开发总公司 |
| 74 | 深圳北站综合交通枢纽工程 | 中铁二局股份有限公司<br>中国中铁股份有限公司(中铁南方投资发展有限公司) |
| 75 | 新建铁路成都东客站及相关工程Ⅰ标段工程 | 中铁建工集团有限公司 |
| 76 | 新建武汉天兴洲公铁两用长江大桥正桥 | 中铁大桥局股份有限公司<br>中铁十二局集团有限公司 |
| 77 | 南京长江隧道工程 | 中铁十四局集团有限公司 |
| 78 | 苏州工业园区北环快速路东延二期工程 | 中铁二十局集团第一工程有限公司<br>中交第一公路工程局有限公司<br>南京第二道路排水工程有限责任公司 |
| 79 | 深圳港大铲湾港区集装箱码头一期工程 | 中交第四航务工程局有限公司<br>中铁二局股份有限公司 |
| 80 | 大唐南京下关发电厂"上大压小"异地新建工程 | 中国能源建设集团江苏省电力建设第一工程公司<br>中国能源建设集团江苏省电力建设第三工程公司 |
| 81 | 吉林中电投白城电厂2×60万kW"上大压小"新建工程 | 河北省电力建设第一工程公司<br>东北电业管理局第三工程公司 |
| 82 | 河北尚义龙源风电场(150MW)工程 | 张家口市第一建筑工程有限公司<br>张家口建筑工程集团有限公司 |
| 83 | 河北广元(顺德)500kV变电站工程 | 河北省送变电公司 |
| 84 | 河南省燕山水库工程 | 河南省水利第二工程局<br>河南省水利第一工程局 |

续表

| 序号 | 工程名称 | 承建单位 |
|---|---|---|
| 85 | 苏里格第三天然气处理厂工程 | 长庆石油勘探局油田建设工程公司 |
| 86 | 内蒙古蒙泰不连沟矿井及选煤厂工程 | 中煤第三建设(集团)有限责任公司 |
| 87 | 鼎立国际大酒店 | 鼎立建设集团股份有限公司 |
| 88 | 首钢京唐钢铁联合有限责任公司钢铁厂一期轧钢(2250mm 热轧、2230mm 冷轧)工程 | 北京首钢建设集团有限公司<br>上海宝冶集团有限公司<br>中国三冶集团有限公司<br>中国五冶集团有限公司<br>中国二十冶集团有限公司<br>九冶建设有限公司<br>马鞍山钢铁建设集团有限公司 |
| 89 | 深圳市大运中心项目 | 中国建筑第八工程局有限公司<br>上海宝冶集团有限公司 |
| 90 | 海西州民族文化活动中心 | 二十三冶建设集团有限公司 |
| 91 | 解放军第 451 医院医疗综合楼 | 陕西航天建筑工程有限公司 |
| 92 | 中国运载火箭技术研究院科研楼(科研办公楼(东配楼)等 3 项) | 中建三局建设工程股份有限公司 |
| 93 | 海军 9155 工程 | 中国建筑股份有限公司<br>中国建筑第七工程局有限公司 |
| 94 | 福州海峡国际会展中心 | 中国建筑第五工程局有限公司<br>中国建筑第八工程局有限公司 |
| 95 | 昆泰酒店 | 中建一局集团第三建筑有限公司 |
| 96 | 肿瘤科学研究中心工程 | 中国建筑第六工程局有限公司 |
| 97 | 中国人民解放军空军 2548 工程场道工程 | 中国航空港建设第九工程总队 |
| 98 | 武警河南省总队指挥中心 | 江苏省第一建筑安装有限公司 |
| 99 | 全国组织干部学院工程 | 中国新兴建设开发总公司 |
| 100 | 北京协和医院门急诊楼及手术科室楼改扩建工程 | 北京建工集团有限责任公司<br>中国建筑一局(集团)有限公司 |
| 101 | 朝阳区王四营乡地块住宅及公共服务配套项目—B1、B2、B3 及九年制学校、幼儿园(建工·双合家园) | 北京六建集团有限责任公司<br>北京市第三建筑工程有限公司 |
| 102 | 首都图书馆二期暨北京市方志馆工程 | 中建二局第三建筑工程有限公司 |
| 103 | 北京日坛宾馆改扩建工程 | 北京城建二建设工程有限公司 |
| 104 | 滨海文化商务中心一标段 | 天津市建工工程总承包有限公司 |
| 105 | 天津大剧院 | 天津三建建筑工程有限公司 |

续表

| 序号 | 工程名称 | 承建单位 |
| --- | --- | --- |
| 106 | 中北旺商业广场一期工程 | 天津天一建设集团有限公司 |
| 107 | 天津市文化中心商业体工程 | 上海建工七建集团有限公司 |
| 108 | 天津市张贵庄污水处理及再生利用一期工程 | 天津第二市政公路工程有限公司<br>河北省安装工程有限公司 |
| 109 | 石家庄中银广场A座工程 | 唐山建设集团有限责任公司 |
| 110 | 沧州市招商大厦(市民服务中心)工程 | 河北建工集团有限责任公司 |
| 111 | 数谷大厦 | 江苏省华建建设股份有限公司 |
| 112 | 鄂尔多斯机场改扩建工程新航站楼工程 | 河北建设集团有限公司 |
| 113 | 巨华国际大酒店 | 内蒙古巨华集团大华建筑安装有限公司 |
| 114 | 内蒙古自治区医院住院楼B座 | 内蒙古兴泰建筑有限责任公司 |
| 115 | 呼伦贝尔市人民医院医技病房综合楼 | 赤峰鑫盛隆建筑工程有限责任公司 |
| 116 | 中国(太原)煤炭交易中心 | 山西八建集团有限公司<br>上海宝冶集团有限公司 |
| 117 | 大同市迎宾西路综合服务楼(魏都国际酒店) | 山西四建集团有限公司 |
| 118 | 丹东金融大厦 | 丹东市东海建设(集团)有限公司 |
| 119 | 中国大连高级经理学院工程 | 中国建筑第八工程局有限公司 |
| 120 | 辽源市公安局业务技术用房工程 | 中国建筑第七工程局有限公司 |
| 121 | 北京谷泉会议中心客房楼及附属设施工程 | 北京建工集团有限责任公司<br>上海建工集团股份有限公司 |
| 122 | 凤凰谷(武进影艺宫)工程 | 上海建工四建集团有限公司 |
| 123 | 宝山区人民法院审判业务用房迁建工程 | 上海江杰建筑装潢有限公司 |
| 124 | 苏州供电局公司生产营业调度综合用房 | 中亿丰建设集团股份有限公司(原苏州二建建筑集团有限公司) |
| 125 | 苏州新区科技大厦项目 | 苏州第一建筑集团有限公司 |
| 126 | 无锡市环境监控中心工程 | 江苏正方园建设集团有限公司 |
| 127 | 江苏省烟草公司南京分公司物流配送中心 | 江苏南通二建集团有限公司 |
| 128 | 徐州医学院附属医院病房综合楼 | 江苏江中集团有限公司 |
| 129 | 阜宁县人民医院扩建病房楼及附属裙楼 | 江苏省盐阜建设集团有限公司 |
| 130 | 宜兴市创意产业中心工程 | 宜兴市工业设备安装有限公司 |

附录7　2012～2013年度中国建设工程鲁班奖（国家优质工程）获奖工程名单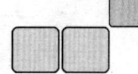

续表

| 序号 | 工程名称 | 承建单位 |
| --- | --- | --- |
| 131 | 诸暨市人民医院易地新建一期工程 | 浙江展诚建设集团股份有限公司 |
| 132 | 杭州市高科技企业孵化器有限公司二期工程 | 浙江省一建建设集团有限公司 |
| 133 | 余姚商会大厦 | 浙江宝业建设集团有限公司 |
| 134 | 东阳市人民医院医疗综合大楼 | 中天建设集团有限公司 |
| 135 | 绍兴县水务大厦 | 中厦建设集团有限公司 |
| 136 | 武义县供电局电力调度中心 | 浙江昆仑建设集团股份有限公司 |
| 137 | 杭州萧山国际机场二期项目二阶段国内航站楼工程 | 北京建工集团有限责任公司 |
| 138 | 淄博市中心医院新病房楼 | 山东金城建工有限公司 |
| 139 | 临沂市商业银行营业服务大楼 | 天元建设集团有限公司 |
| 140 | 济宁市中级人民法院综合审判楼 | 山东宁建建设集团有限公司 |
| 141 | 唐岛湾南岸绿化工程 | 青岛市黄岛园林绿化工程有限公司<br>青岛博雅生态环境工程有限公司<br>青岛太行园林建设有限公司 |
| 142 | 泰安市京沪高铁新区A区保障房32号、33号楼 | 山东泰安建筑工程集团有限公司<br>山东华龙建筑安装有限公司 |
| 143 | 淮北矿业（集团）工程建设有限责任公司科技大厦1号楼 | 淮北矿业（集团）工程建设有限责任公司 |
| 144 | 逸景大酒店 | 安徽天筑建设（集团）有限公司 |
| 145 | 龙子湖及周边综合治理和生态开发项目一期工程 | 安徽水利开发股份有限公司 |
| 146 | 永春县电力调度中心 | 福建省桃城建设工程有限公司 |
| 147 | 全国青少年井冈山革命传统教育基地宿舍楼 | 中余建设集团有限公司 |
| 148 | 民权县庄子文化馆 | 河南国基建设集团有限公司 |
| 149 | 河南省交通勘察设计研发中心（河南省交通规划勘察设计院有限责任公司南办公楼拆除重建工程） | 泰宏建设发展有限公司 |
| 150 | 南阳体育场 | 中建八局第一建设有限公司 |
| 151 | 武汉市行政服务中心（市民之家） | 武汉建工股份有限公司 |

续表

| 序号 | 工程名称 | 承建单位 |
| --- | --- | --- |
| 152 | 常德市规划展示馆、美术艺术馆、城建档案馆 | 湖南省第六工程有限公司<br>湖南德成建设工程有限公司 |
| 153 | 万科·金域华府四期23号—25号栋及地下室一 | 湖南东方红建设集团有限公司 |
| 154 | 仁达大楼 | 湖南省第五工程有限公司 |
| 155 | 广州珠江新城西塔 | 中国建筑股份有限公司<br>广州建筑股份有限公司 |
| 156 | 芳村花园二期工程施工总承包及总承包管理配合服务第一标段 | 汕头市建安(集团)公司 |
| 157 | 深圳观澜格兰云天大酒店 | 中国华西企业有限公司 |
| 158 | "彰泰·第六园"商住小区 | 广西建工集团第四建筑工程有限责任公司 |
| 159 | 三亚鹿回头小东海A26、A26-1地块项目3A、3B楼 | 中铁十六局集团北京工程有限公司 |
| 160 | 成都双流国际机场T2航站楼 | 中建三局建设工程股份有限公司<br>成都市第四建筑工程公司<br>中国华西企业股份有限公司 |
| 161 | 2米×2米超声速风洞工程 | 四川省工业设备安装公司<br>中国人民解放军总装备部特种工程技术安装总队 |
| 162 | 华润置地·万象城 | 华润建筑有限公司 |
| 163 | 重庆渝富公司总部项目 | 重庆建工第三建设有限责任公司 |
| 164 | 复地·重庆复城国际工程 | 中建五局第三建设有限公司 |
| 165 | 国际开发金融大厦(原:天成大厦) | 中兴建设有限公司 |
| 166 | 贵阳国际会议展览中心—C1会议中心 | 中国建筑第四工程局有限公司 |
| 167 | 昆明医学院第二附属医院改扩建工程 | 云南工程建设总承包公司 |
| 168 | 陕西宾馆18号楼、会议中心工程 | 陕西建工第一建设集团有限公司<br>陕西建工第五建设集团有限公司 |
| 169 | 陕西省科技资源中心 | 陕西建工集团总公司 |
| 170 | 汇鑫花园 | 江苏江都建设集团有限公司 |
| 171 | 大唐西市博物馆 | 陕西建工集团第七建筑工程有限公司 |

续表

| 序号 | 工程名称 | 承建单位 |
|---|---|---|
| 172 | 舟曲8.8特大山洪泥石流地质灾害纪念公园 | 甘肃第七建设集团股份有限公司 |
| 173 | 中石油驻乌企业联合生产指挥中心基地生产办公区主楼及辅楼工程 | 中建三局建设工程股份有限公司 |
| 174 | 伊宁县人民医院标准化建设工程 | 江苏省苏中建设集团股份有限公司<br>新疆苏中建设工程有限公司 |
| 175 | 莎车县市民综合服务中心（图文信息综合服务中心） | 上海建工一建集团有限公司 |
| 176 | 京沪高速铁路南京大胜关长江大桥 | 中铁大桥局股份有限公司 |
| 177 | 京沪高速铁路DK665+100—DK950+039综合工程 | 中铁十二局集团有限公司<br>中铁十五局集团有限公司<br>中铁十四局集团有限公司<br>中国铁路通信信号上海工程局集团有限公司<br>中铁电气化局集团有限公司<br>中铁建工集团有限公司 |
| 178 | 京沪高速铁路丹昆特大桥阳澄湖桥段 | 中国交通建设股份有限公司 |
| 179 | 湖南省汝城至郴州高速公路项目土建工程第14合同段文明特大桥 | 中铁五局集团机械化工程有限责任公司 |
| 180 | 粤湘高速公路（博罗至深圳段）水涧山隧道 | 中国中铁股份有限公司 |
| 181 | 广西柳州市双拥大桥工程 | 中铁上海工程局有限公司 |
| 182 | 杭州市九堡大桥工程 | 中交第二航务工程局有限公司<br>中交路桥建设有限公司 |
| 183 | 哈尔滨松花江大桥扩建工程 | 中交第一公路工程局有限公司 |
| 184 | 国电湖南宝庆电厂一期2×660MW机组工程 | 中国能源建设集团湖南省火电建设公司 |
| 185 | 辽宁中电投燕山湖电厂"上大压小"2×600MW新建工程 | 中国能源建设集团天津电力建设公司<br>东北电业管理局第三工程公司<br>中国十五冶金建设集团有限公司 |
| 186 | 湖北江夏500kV变电站工程 | 湖北省送变电工程公司 |
| 187 | 牟平500kV变电站 | 山东送变电工程公司 |

续表

| 序号 | 工程名称 | 承建单位 |
|---|---|---|
| 188 | 重庆乌江彭水水电站工程 | 中国水利水电第八工程局有限公司<br>中国水利水电第十四工程局有限公司<br>中国水利水电第七工程局有限公司 |
| 189 | 上海青草沙水源地原水工程 | 中交上海航道局有限公司<br>上海市水利工程集团有限公司<br>上海隧道工程股份有限公司 |
| 190 | 山西潞安高河矿井工程 | 中煤第三建设(集团)有限责任公司<br>中煤建筑安装工程集团有限公司 |
| 191 | 山西大同煤矿集团有限责任公司 4500t/d 熟料新型干法水泥生产线工程 | 河北省第四建筑工程有限公司 |
| 192 | 包钢 Φ159mm 热轧无缝钢管生产线置换大 H 型钢生产线工程 | 中国二冶集团有限公司<br>内蒙古广厦建安工程有限责任公司 |
| 193 | 武汉市黄浦大街—金桥大道快速通道工程 | 中国一冶集团有限公司 |
| 194 | 金川 6 万 t/年电解镍扩能改造项目 | 金川集团工程建设有限公司 |
| 195 | 西安工业设计产业园凯瑞公寓 7、8、9 号楼工程 | 陕西航天建筑工程有限公司 |
| 196 | 中央电视台新台址建设工程 A 标段 | 中国建筑股份有限公司 |
| 197 | 武汉供电公司电力生产调度楼 | 中建二局第三建筑工程有限公司 |
| 198 | 深圳蔡屋围京基金融中心工程二期 | 中国建筑第四工程局有限公司 |
| 199 | 汇金国际中心 | 中国建筑第七工程局有限公司 |
| 200 | 利通广场 | 中国建筑第八工程局有限公司 |
| 201 | 长沙黄花国际机场新航站楼及高架桥 | 中国建筑第八工程局有限公司<br>湖南省第四工程有限公司 |
| 202 | 廊坊固安福朋酒店 | 中国新兴保信建设总公司 |

## 附录8 部分国家建筑业情况

美国建筑业企业数量、就业量、工资额　　　　　　附表1

| | 企业数量(个) | | 就业量(千人) | | 年度工资额(百万美元) | |
|---|---|---|---|---|---|---|
| | 2007 | 2008 | 2007 | 2008 | 2007 | 2008 |
| 总量 | 811452 | 773614 | 7268 | 7044 | 336131 | 333082 |
| 房屋建筑业 | 244862 | 232634 | 1672 | 1554 | 83317 | 78273 |
| 住宅建筑 | 46332 | 45307 | 767 | 743 | 44257 | 44466 |
| 非住宅建筑 | 198530 | 187327 | 905 | 811 | 39060 | 33807 |
| 土木工程建筑业 | 51421 | 48030 | 1016 | 995 | 56607 | 57549 |
| 公共基础设施 | 21448 | 20944 | 525 | 548 | 28284 | 31182 |
| 土地整备 | 12835 | 10814 | 77 | 67 | 3980 | 3369 |
| 高速公路、街道和桥梁建筑 | 11746 | 11509 | 323 | 312 | 19113 | 19123 |
| 其他土木工程建筑 | 5392 | 4763 | 92 | 68 | 5230 | 3874 |
| 专业分包商 | 515169 | 492950 | 4579 | 4495 | 196207 | 197260 |
| 地基、结构和建筑外观分包商 | 115764 | 108067 | 1103 | 1024 | 42369 | 40354 |
| 建筑设备承包商 | 187856 | 184132 | 1962 | 2017 | 93655 | 98571 |
| 建筑装修承包商 | 134306 | 126100 | 944 | 878 | 35164 | 33075 |
| 其他专业分包商 | 77243 | 74651 | 570 | 576 | 25019 | 25259 |

《美国统计年鉴2012》U. S. Census Bureau。

美国建筑业新建完工工程价值量　（单位：百万美元）　附表2

| 年度 | 总量 | 私人 | | | 公共 | | |
|---|---|---|---|---|---|---|---|
| | | 总量 | 民用建筑 | 非民用建筑 | 总量 | 联邦 | 州和地方 |
| 1980 | 273936 | 210290 | 100381 | 109909 | 63646 | 9642 | 54004 |
| 1990 | 476778 | 369300 | 191103 | 178197 | 107478 | 12099 | 95397 |
| 1993 | 502435 | 375073 | 225067 | 150006 | 127362 | 14424 | 112938 |
| 1994 | 549420 | 418999 | 258561 | 160438 | 130421 | 14440 | 115981 |
| 1995 | 567896 | 427885 | 247351 | 180534 | 140011 | 15751 | 124260 |
| 1996 | 623313 | 476638 | 281115 | 195523 | 146675 | 15325 | 131350 |

续表

| 年度 | 总量 | 私人 | | | 公共 | | |
|---|---|---|---|---|---|---|---|
| | | 总量 | 民用建筑 | 非民用建筑 | 总量 | 联邦 | 州和地方 |
| 1997 | 656171 | 502734 | 289014 | 213720 | 153437 | 14087 | 139350 |
| 1998 | 706779 | 552001 | 314607 | 237394 | 154778 | 14318 | 140460 |
| 1999 | 768811 | 599729 | 350562 | 249167 | 169082 | 14025 | 155057 |
| 2000 | 831075 | 649750 | 374457 | 275293 | 181325 | 14166 | 167157 |
| 2001 | 864159 | 662247 | 388324 | 273922 | 201912 | 15081 | 186830 |
| 2002 | 845873 | 634435 | 396696 | 237739 | 213438 | 16578 | 196860 |
| 2003 | 891497 | 675370 | 446035 | 229335 | 216127 | 17913 | 198214 |
| 2004 | 991356 | 771173 | 532900 | 238273 | 220183 | 18342 | 201841 |
| 2005 | 1104136 | 869976 | 611899 | 258077 | 234160 | 17300 | 216860 |
| 2006 | 1167222 | 911837 | 613731 | 298105 | 255385 | 17555 | 237831 |
| 2007 | 1152351 | 863278 | 493246 | 370032 | 289073 | 20580 | 268494 |
| 2008 | 1067564 | 758827 | 350257 | 408569 | 308569 | 23731 | 285007 |
| 2009 | 907784 | 592326 | 245621 | 346705 | 315459 | 28314 | 287145 |
| 2010 | 814532 | 508240 | 241690 | 266550 | 306293 | 30800 | 275493 |

《美国统计年鉴 2012》U. S. Census Bureau。

**英国、法国、德国建筑业就业量（单位：人）**　　　　附表 3

| | 英国 | | 法国 | | 德国 | |
|---|---|---|---|---|---|---|
| | 2006 | 2007 | 2006 | 2007 | 2006 | 2007 |
| 建筑业 | 1393461 | 1430515 | 1651546 | 1724266 | 1498760 | 1521752 |
| 场地平整 | 21869 | 24355 | 87733 | 94643 | 33173 | 32144 |
| 土木工程和建筑工程 | 740250 | 758654 | 709151 | 736485 | 668365 | 655556 |
| 建筑安装 | 382546 | 383607 | 410697 | 434269 | 460830 | 491928 |
| 建筑维护 | 231176 | 245543 | 439173 | 453349 | 333416 | 338788 |
| 租赁建筑和拆除设备 | 17620 | 18356 | 4792 | 5520 | 2976 | 3335 |

http://stats.oecd.org/

**2007 年英国、法国、德国建筑业就业占总人口比例**　　　　附表 4

| | 英国 | 法国 | 德国 |
|---|---|---|---|
| 建筑业就业总量（人） | 1430515 | 1724266 | 1521752 |
| 人口总量（人） | 60137000 | 61965050 | 82266370 |
| 建筑业就业总量占总人口比例 | 2.38% | 2.78% | 1.85% |

http://stats.oecd.org/

**英国、法国、德国建筑业增加值**（单位：百万美元）　　　附表 5

|  | 2010 | 2011 | 2012 |
| --- | --- | --- | --- |
| 法国 | 140792.4 | 154489.70 | 146639.00 |
| 德国 | 100430.00 | 106050.00 | 107410.00 |
| 英国 | 142122.32 | 145404.76 | 133549.43 |

National Accounts Official Country Data，United Nations Statistics Division

**主要发达国家建筑业增加值及其占 GDP 的比例**　　　附表 6

| | | 2010 | 2011 | 2012 |
| --- | --- | --- | --- | --- |
| 法国 | 建筑业增加值（百万美元） | 140792.4 | 154489.7 | 146639 |
| | 建筑业增加值占 GDP 的比例 | 5.49% | 5.55% | 5.62% |
| 德国 | 建筑业增加值（百万美元） | 100430 | 106050 | 107410 |
| | 建筑业增加值占 GDP 的比例 | 3.04% | 2.92% | 3.14% |
| 英国 | 建筑业增加值（百万美元） | 142122.32 | 145404.76 | 133549.43 |
| | 建筑业增加值占 GDP 的比例 | 6.19% | 5.90% | 5.40% |
| 美国 | 建筑业增加值（百万美元） | 523300 | 529500 | |
| | 建筑业增加值占 GDP 的比例 | 3.50% | 3.41% | |

National Accounts Official Country Data，United Nations Statistics Division